DEVIS DESCRIPTIFS

ET

BORDEREAUX DE PRIX

POUR LES TRAVAUX DU BATIMENT,

CONCERNANT

*Terrassements — Maçonneries — Pavages — Charpenterie
et Menuiserie — Serrurerie — Couverture — Ferblanterie et Plomberie
Plâtrerie — Peinture et Vitrerie — Tapisserie, etc.*

DRESSÉS PAR M. THÉOPHILE ROUX,

ARCHITECTE – EXPERT.

LA ROCHELLE,

IMPRIMERIE ET LIBRAIRIE DE J. DESLANDES,

RUE CHEF-DE-VILLE.

1863.

DEVIS DESCRIPTIFS

ET

BORDEREAUX DE PRIX

POUR LES TRAVAUX DU BATIMENT,

CONCERNANT

Terrassements — Maçonneries — Pavages — Charpenterie et Menuiserie — Serrurerie — Couverture — Ferblanterie et Plomberie Plâtrerie — Peinture et Vitrerie — Tapisserie, etc.

DRESSÉS PAR M. THÉOPHILE ROUX,

ARCHITECTE - EXPERT.

LA ROCHELLE,

IMPRIMERIE ET LIBRAIRIE DE J. DESLANDES,

RUE CHEF-DE-VILLE.

1863.

A Monsieur A. Brossard,

Architecte du Gouvernement.

Monsieur,

Longtemps j'ai eu l'honneur d'être employé sous vos ordres ; le souvenir de vos bienveillants encouragements me sera toujours cher.

C'est pour moi un devoir de reconnaissance de vous faire hommage d'un travail que vous avez jugé utile et dont je vous dois en quelque sorte l'inspiration.

Théophile Roux.

La Rochelle, Septembre 1863.

MAÇONNERIE

NATURE DES OUVRAGES ET QUALITÉ DES MATÉRIAUX.

§ 1er. *Terrassement.*

Déblais.

Pour les déblais, le bordereau indique différents prix, suivant la nature des terrains ; la classe à laquelle appartiendra chaque ouvrage de terrassements sera déterminée à l'avance par l'architecte, et l'entrepreneur ne sera pas admis à réclamer contre cette détermination.

Des mesurages.

Le mesurage des terrassements sera fait en général sur le vide des déblais et non sur le sol formé par les remblais ; à cet effet, il sera laissé dans les excavations, aux lieux indiqués par le surveillant de l'exécution des travaux, tous les témoins nécessaires pour fixer exactement les dimensions.

Matériaux trouvés dans les fouilles.

Tous les matériaux, trouvés dans les fouilles et dans les démolitions, appartiendront au propriétaire ; ils seront transportés et emmètrés aux lieux indiqués par le surveillant.

Démolitions.

Lorsqu'il sera nécessaire de faire des démolitions ou arrachements dans les vieux murs, pour pratiquer des ouvertures, sceller des bois, encastrer des tuyaux de cheminées, lier les nouvelles constructions avec les anciennes, etc., elles seront faites avec précautions, aux risques et périls de l'entrepreneur ; elles ne devront être entreprises que dans l'étendue indispensable pour les ouvrages qu'il s'agira d'exécuter.

Nivellement et dressage des terrains.

Pour niveler et dresser un terrain, on déterminera, avec des voyants, la position d'un certain nombre de points qui serviront de repères pour conduire, avec le cordeau ou la règle, le reste de l'ouvrage. Toutes les aspérités seront abattues et les enfoncements comblés avec des terres pilonnées.

§ 2. *Mouvements et transports des matériaux.*

Les prix des ouvrages d'art comprennent la valeur du chargement et du transport des matériaux jusqu'à pied-d'œuvre, ainsi que le montage ; l'entrepreneur n'aura donc droit à aucune allocation pour ces mouvements.

§ 3. *Maçonnerie.*

De la chaux.

La chaux sera de deux espèces, grasse ou maigre, suivant la nature des ouvrages ; elle sera de la meilleure qualité parmi celles fabriquées ou vendues dans le pays. La chaux grasse servira pour les constructions au-dessus du sol et exposées à un air sec, la chaux maigre et hydraulique sera employée pour les constructions exposées à l'humidité, telles que les fondations et les pavages ; elles seront éteintes par le procédé ordinaire, avec de l'eau douce et en n'en mettant que la quantité rigoureusement nécessaire.

Du sable.

Le sable sera pur et sans mélange de terre ; le gros sable sera employé avec la chaux ordinaire et le sable fin avec la chaux hydraulique.

Du ciment.

Le ciment sera fait avec des tuileaux ou briques bien cuites, sans néanmoins l'être trop ; les tamis dans lesquels il sera passé seront plus ou moins serrés, selon qu'il sera jugé convenable par le surveillant.

De la terre grasse.

La terre sera liante et sans pierrailles ; avant son emploi elle sera passée au travers d'une claie serrée ou d'un grêlot.

Dosage des mortiers.

Les mortiers seront dosés suivant la qualité des matières composantes, et de manière à produire le maximum de résistance dont ils peuvent être susceptibles. Au moment de l'exécution, l'architecte fixera, d'après des expériences faites, les éléments proportionnés qu'il faut employer, et l'entrepreneur devra se conformer, sans discussions, à tout ce qui lui sera prescrit à ce sujet. Les matières seront mêlées, triturées et incorporées au moyen d'un fort bouloir, au fur et à mesure de l'emploi.

Mastic lithargyré.

Le mastic lithargyré sera composé de quantités égales de sable fin siliceux et de sciure de pierre de taille tendre ; ces quantités seront torréfiées séparément sur une plaque de tôle et passées au tamis fin, puis mêlées à une partie de litharge en poudre égale au quatorzième du poids de ces matières. La litharge devra être soigneusement pulvérisée et ne contenir aucune substance étrangère. Ce mastic sera gâché avec environ un cinquième de son poids d'huile de lin de bonne qualité.

Des moëllons.

Dans les constructions, il est expressément interdit de se servir de moëllons récemment sortis des carrières ; ceux dont on fera usage seront de forme régulière, d'une grosseur convenable, d'une contexture dure, serrée et non gelifs.

Des briques.

Les briques seront bien cuites, sonnantes et de couleur jaunâtre, bien moulées et entières. Chaque brique, avant d'être mise en place, sera immergée dans un baquet plein d'eau. On taillera soigneusement celles qui en auront besoin, suivant la forme des ouvrages ; elles seront posées en liaison, à bain de mortier soufflant dans les joints montants, et serrés de manière que les joints soient les plus petits possibles.

Du granit.

Le granit proviendra des carrières qui seront désignées par l'architecte, et sera de couleur bleuâtre, d'un grain fin et serré, sans démaigrissement ; celui qui sera friable, fendu ou écorné, sera refusé.

De la pierre de taille.

Toutes les pierres de taille devront être d'un grain fin, homogène, d'une contexture compacte, uniforme et d'une densité égale ; elles seront sonores, sans cassures ni fêlures ; elles devront absorber peu d'humidité et être exemptes de fils, coquillages, cailloux, moyes et bousins ; celles qui seraient en délits ou trop tendres, ou susceptibles de tomber en poussière à l'air ou à la gelée, seront rebutées.

Bétons.

Les bétons seront composés de deux parties de l'un des mortiers hydrauliques, indiqués au bordereau, et dans lesquelles on incorporera trois parties de pierres cassées de la grosseur de trois centimètres, exemptes de terre, de poussière, et lavées soigneusement. Le mélange que l'on effectuera au rateau devra être parfait.

Les bétons seront employés au fur et à mesure de leur fabrication.

Murs en moëllons.

Les moëllons seront équarris avec soin, de manière à présenter un parement bien dressé, et à ce que leurs lits et joints se touchent le mieux possible ; de mètre en mètre, en hauteur et en longueur, il devra y avoir au moins un fort moëllon qui occupera toute l'épaisseur du mur.

Tous seront posés à bain de mortier, en le faisant souffler dans les joints montants.

Maçonnerie en pierres de taille.

La pierre de taille sera employée principalement pour socles, cordons et corniches. Pour le revêtement des ouvertures, l'appareil des jambages consistera en pierres posées alternativement en pieds droits et lancis, avec écoinçons jointifs pour compléter l'épaisseur du mur, de manière à éviter des remplissage en moëllons.

Les dessus des ouvertures seront faits conformément aux instructions qui seront fournies. Pour les ouvertures dont la largeur excédera un mètre, les dessus seront faits en plate-bande sur au moins trente centimètres d'épaisseur et autant de hauteur. Le surplus de l'épaisseur des murs sera rempli par des palâtrages joignant intimement la pierre de taille sur toute la longueur ; les appuis des fenêtres et le seuil des portes seront, autant que possible, d'un seul morceau, et auront au moins quinze centimètres d'épaisseur ; ces dernières seront en pierres dures.

Taille, pose et ragréement.

Les pierres seront taillées soigneusement, à vives arrêtes, et posées sur leur lit de carrière avec un bon mortier fin ; selon la nature des ouvrages. Après l'achèvement des travaux, tous les revêtements en pierres de taille seront ragréés proprement et jointoyés en mortier blanc composé de sciure de pierre et de chaux.

Scellements des poutres.

Au-dessous de chaque poutres il sera établi, sur toute l'épaisseur du mur, un fort moëllon plat, afin que les extrémités portent sur une surface unie et solide ; le scellement sera fait en mortier de chaux et sable.

Crépis, enduits et rivets.

Avant de faire des crépis, enduits ou rivets sur des murs quelconques, le mortier tendant à se séparer sera détaché avec la pointe du marteau, les joints des moëllons seront ouverts, le parement sera ensuite fortement balayé et aspergé d'eau ; les enduits et rivets seront faits à deux couches, lors de la première on bouchera avec soin tous les vides des joints, en mettant des fragments de tuileaux ou des pierres dans les plus profonds ; la seconde couche sera appliquée lorsque la première sera en partie sèche ; pour achever d'égaliser l'enduit, la deuxième couche devra rustiquer, s'il y a lieu.

Blanchissage.

Le blanchissage sur enduits récents ne sera effectué qu'après que le mortier sera suffisamment sec ; avant de blanchir les autres murs la surface sera soigneusement balayée, grattée et même lavée, s'il était nécessaire, pour enlever la poussière, les toiles d'araignées, les mousses, les écailles de chaux peu solides et la malpropreté qui pourrait s'y trouver ; lorsque les murs auront été ainsi préparés, l'entrepreneur devra en prévenir le surveillant des ouvrages, pour que celui-ci s'assure que cette opération préalable a été effectuée.

Le lait de chaux employé aura la fluidité qui sera exigé, suivant l'état des murs, et il sera fait avec l'espèce de chaux qui sera préférée, laquelle devra être bien éteinte et délayée peu à peu, sans laisser de grumeaux. Le blanchissage sera fait avec de bons blanchissoirs non susceptibles de laisser aller leurs soies. La chaux sera étendue d'une manière uniforme, en évitant les empâtements, rayures, etc.

Badigeonnage.

Le badigeon sera composé de chaux éteinte avec mélange d'ocre jaune, l'entrepreneur sera tenu d'y substituer, si on le désire, de l'ocre rouge, du noir de fumée ou toute autre matière, pour produire les tons de couleur qui seront préférés, et même de combiner ensemble ces substances dans la proportion qu'on jugera convenable.

Toutes les matières composantes seront pétries ensemble dans une grande basse, pour bien les incorporer ; elles seront ensuite délayées comme pour faire le lait de chaux. On devra préparer à la fois tout le badigeon nécessaire pour une même façade ou un même appartement, afin d'éviter des disparates choquants.

Rejointoiements.

Avant de faire un rejointoiement, le vieux mortier sera détaché des joints avec des crochets en fer que l'on fera entrer le plus avant possible entre les pierres, les joints seront ensuite balayés fortement avec un petit balai de brandes flexibles pour les nettoyer de la poussière et des graines qui pourraient s'y trouver ; le rejointoiement ne pourra être commencé qu'après que le surveillant aura reconnu que cette opération préliminaire a été faite. A chaque embauchée, les ouvriers seront tenus d'asperger d'eau tous les joints qu'ils pourront faire jusqu'à la débauchée.

Le mortier sera employé un peu ferme et introduit par une forte pression du bout de la truelle jusqu'au fond des joints les plus creux, les vides trop grands seront remplis par des éclats de pierres ou de tuileaux.

Lorsque le mortier aura acquis une certaine consistance, sans néanmoins être entièrement sec, les joints seront lissés fortement pour achever le travail.

Mesurage des ouvrages.

En général, il sera tenu compte des ouvrages de maçonnerie au mètre cube, en déduisant tous les vides. Les pierres de taille ne seront mesurées que d'après les dimensions réelles dans l'emploi, et le cube devra aussi en être déduit des autres maçonneries. Pour les jambages des ouvertures appareillées, comme il est dit à l'article des maçonneries en pierre de taille, le cube ne sera calculé que d'après la hauteur mesurée au tableau sur l'épaisseur du mur, et sur la section réduite des assises. Les enduits et les rejointoiements seront comptés au mètre carré, en faisant déduction du vide des ouvertures ; le blanchissage et le badigeonnage seront comptés aussi au mètre carré, mais sans déduction du vide ; en revanche il ne sera rien alloué pour le même travail fait dans les embrasures.

§ 4. *Carrelage.*

Des carreaux et autres matériaux.

Les carreaux en terre seront bien cuits, bien droits et de mêmes échantillons ; ils seront, dans leur espèce, de la meilleure qualité ; leurs dimensions dépendront de la nature des ouvrages. En général, tous les matériaux pour carrelages ou dallages seront de première qualité.

Préparation du terrain.

Avant de carreler un lieu quelconque, on fera un déblais général dans toute l'étendue du terrain, de vingt centimètres en contre-bas de la ligne fixée pour la hauteur du pavé. Le terrain sera nivelé et fortement battu avec la demoiselle, afin de l'affermir et de prévenir des tassements inégaux.

Carrelage en pierres de taille.

Les dalles seront en pierres dures, de l'épaisseur désignée par l'architecte ; les faces seront proprement taillées et d'équerre ; on les posera par rangs réguliers et parallèles, sur bonne forme de mortier ; elles seront coulées, fichées et jointoyées avec soin.

Carrelage en granit.

Les dalles en granit auront les dimensions qui seront demandées ; elles seront posées sur bonne forme de mortier, et coulées, fichées et jointoyées avec soin.

Carrelage en carreaux ou autres matériaux.

Le carrelage en carreaux de terre cuite, en briques ou autres matériaux, sera fait sur forme de mortier de trois centimètres d'épaisseur, en les assujétissant bien et en donnant aux joints le moins de largeur possible.

Mesurage.

Il sera tenu compte des ouvrages précédents au mètre carré, en ne mesurant que les parties en œuvre, sans avoir égard au déchet résultant des formes courbes ou angulaires.

BORDEREAU DE PRIX

TERRASSEMENTS, DÉMOLITIONS ET MAÇONNERIES.

NUMÉROS D'ORDRE.	INDICATIONS GÉNÉRALES.			PRIX ÉLÉMENTAIRES.	PRIX TOTAUX.
		Prix des Journées			
	§ 1er. Journées.	du 1er Avril au 31 Octobre.	du 1er Novem. au 31 Mars.		
1	La journée d'un maçon, paveur ou couvreur, muni de ses outils.				
2	» d'un tailleur de pierre ou poseur................				
3	» d'un manœuvre...............................				
4	» d'un tombereau à un collier, conducteur compris....				
5	» » à deux colliers, »				
6	» » à trois colliers, »				

§ 2. Terrassements et Démolitions.

7	Le mètre cube de terrrassement à un seul jet de profondeur, dans la terre ou gravier :		
	Fouille et jet ————————		
	Chargement dans les brouettes ————————		
	Transport à un relais de 30 mètres au plus ————		
8	Le mètre cube de terrassement ou de démolition de murs, à un seul jet, dans la banche faible ou maçonnerie ordinaire :		
	Fouille et jet ————————		
	Chargement dans les brouettes ————————		
	Transport à un relais ————————		
9	Le mètre cube de terrassement ou démolition de murs dans la banche forte ou maçonnerie de forte résistance :		
	Fouille et jet ————————		
	Chargement dans les brouettes ————————		
	Transport à un relais ————————		
10	Le mètre cube de ces mêmes ouvrages, par chaque jet en sus, sera augmenté de —		
11	— par chaque relais en plus pour le roulage, sera augmenté de —		
12	Emmètrage, au mètre cube, des matériaux trouvés dans les fouilles ————		

NUMÉROS D'ORDRE.	INDICATIONS GÉNÉRALES.	PRIX ÉLÉMENTAIRES.	PRIX TOTAUX.
	§ 3. *Transports à dos de cheval,* *Chargements et déchargements compris.*		
13	Le mètre cube d'enlèvement de terres ou autres déblais, chargé et transporté à dos de cheval, à une distance de 100 à 200 mètres, déchargement compris :		
	Chargement		
	Transport, déchargement et retour		
14	Au-delà de 200 mètres, il sera payé, par chaque 100 mètres de distance en plus, par mètre cube		
	§ 4. *Matériaux* rendus à pied d'œuvre.		
15	Le mètre cube de terre grasse		
16	— de sable		
17	— de chaux vive grasse		
18	— — hydraulique		
19	— de ciment de tuileaux		
20	Les 100 kilog. de ciment romain de Vassy, du poids de 1,000 à 1,200 kilog. au mètre cube		
21	— de ciment provenant des fours du pays, du poids de 1,100 k.		
22	Le kilogramme de mastic lithargyré		
23	— d'huile de lin		
24	Le mètre cube de pierres cassées pour béton ou chaussée :		
	1^m 10 de pierres, à		
	Transport au chantier		
	Cassage et emmétrage		
25	Le mètre cube de moëllons bruts		
26	— de pierre de taille, tendre ordinaire		
27	— de pierre de taille dure		
28	— de pierre de granit		
29	Le millier de briques simples de		
30	Le millier de briques doubles de		
31	Le millier de briques réfractaires de		
32	Les cent kilog. de plâtre gris pulvérisé, du poids de 1,190 k. au mètre cube		
33	— de plâtre blanc pulvérisé, » 1,070 »		

NUMÉROS D'ORDRE.	INDICATIONS GÉNÉRALES.	PRIX ÉLÉMENTAIRES.	PRIX TOTAUX.
34	Le kilogramme de noir de fumée ou terre ocreuse ——————		
35	— de colle forte pour badigeonnage ——————		

§ 5. *Mortiers et Bétons.*

36	Le metre cube de chaux grasse éteinte en pâte :		
	$0^m 70$ de chaux vive, à ——————		
	Façon, outils et faux-frais ——————		
37	Le mètre cube de chaux hydraulique éteinte en pâte :		
	$1^m 00$ de chaux, à ——————		
	Façon, outils et faux-frais ——————		

§ 6. *Mortiers.*

38	Le mètre cube de mortier (**Nº 1**) de chaux grasse et sable :		
	$0^m 45$ de chaux, à ——————		
	$0^m 90$ de sable, à ——————		
	Façon, outils et faux-frais ——————		
39	Le mètre cube de mortier (**Nº 2**) de chaux hydraulique et sable :		
	$0^m 45$ de chaux, à ——————		
	$0^m 90$ de sable, à ——————		
	Façon, outils et faux-frais ——————		
40	Le mètre cube de mortier (**Nº 3**) avec chaux grasse, sable et ciment de briques :		
	$0^m 45$ de chaux, à ——————		
	$0^m 45$ de sable, à ——————		
	$0^m 45$ de ciment, à ——————		
	Façon, outils et faux-frais ——————		
41	Le mètre cube de mortier (**Nº 4**) de chaux hydr., sable et ciment de briques :		
	$0^m 45$ de chaux, à ——————		
	$0^m 45$ de sable, à ——————		
	$0^m 45$ de ciment, à ——————		
	Façon, outils et faux-frais ——————		
42	Le mètre cube de mortier (**Nº 5**) de chaux hydraulique, sable et ciment romain :		
	$0^m 45$ de chaux, à ——————		
	$0^m 65$ de sable, à ——————		
	350 kilog. de ciment, à ——————		
	Façon, outils et faux-frais ——————		

NUMÉROS D'ORDRE.	INDICATIONS GÉNÉRALES.	PRIX ÉLÉMENTAIRES.	PRIX TOTAUX.
43	Le mètre cube de mortier (**N° 6**) avec ciment romain :		
	0^m 80 de ciment, ou 920 kilog.. à ——————		
	0^m 40 de sable, à ——————		
	Façon, outils et faux-frais ——————		
44	Le mètre cube de mortier (**N° 7**) de terre grasse :		
	1^m 20 de terre, à ——————		
	Façon, outils et faux-frais ——————		

§ 7. *Béton mis en œuvre.*

NUMÉROS D'ORDRE.	INDICATIONS GÉNÉRALES.	PRIX ÉLÉMENTAIRES.	PRIX TOTAUX.
45	Le mètre cube de béton avec mortier **N° 1** :		
	0^m 75 pierres cassées, à ——————		
	0^m 50 de mortiers, à ——————		
	Façon, outils et faux-frais ——————		
	Approche et mise en œuvre ——————		
46	Le mètre cube de béton avec mortier **N° 2** ——————		
47	— — avec mortier **N° 3** ——————		
48	— — avec mortier **N° 4** ——————		
49	— — avec mortier **N° 5** ——————		
50	— — avec mortier **N° 6** ——————		

§ 8. *Grosse maçonnerie*
Pour fondations ou autres ouvrages sans parements vus.

NUMÉROS D'ORDRE.	INDICATIONS GÉNÉRALES.	PRIX ÉLÉMENTAIRES.	PRIX TOTAUX.
51	Le mètre cube de maçonnerie en moëllons posés à sec :		
	1^m 10 de moëllons, à ——————		
	Façon, outils et faux-frais ——————		
52	Le mètre cube de maçonnerie en moëllons posés avec mortier **N° 1** :		
	1^m 05 de moëllons, à ——————		
	0^m 30 de mortier, à ——————		
	Façon, outils et faux-frais ——————		
53	Le mètre cube de maçonnerie en moëllons posés avec mortier **N° 2** ——————		
54	— — — avec mortier **N° 3** ——————		
55	— — — avec mortier **N° 4** ——————		
56	— — — avec mortier **N° 5** ——————		
57	— — — avec mortier **N° 6** ——————		
58	— — — avec mortier **N° 7** ——————		
59	Le mètre cube de maçonnerie en briques ordinaires avec mortier **N° 1** :		
	briques ——————		
	0^m 18 de mortier, à ——————		
	Façon, outils et faux-frais ——————		

NUMÉROS D'ORDRE.	INDICATIONS GÉNÉRALES.	PRIX ÉLÉMENTAIRES.	PRIX TOTAUX.
60	Le mètre cube de maçonn. en briques ordinaires avec mortier **N° 2** ——————		
61	— — — avec mortier **N° 3** ——————		
62	— — — avec mortier **N° 4** ——————		
63	— — — avec mortier **N° 5** ——————		
64	— — — avec mortier **N° 6** ——————		
65	— — — avec mortier **N° 7** ——————		
66	Le mètre cube de maçonnerie en briques réfractaires avec mortier **N° 1** : briques ————— 0m 15 de mortier, à ————— Façon, outils et faux-frais —————		
67	Le mètre cube de maçonn. en briques réfractaires avec mortier **N° 2** ——————		
68	— — — avec mortier **N° 3** ——————		
69	— — — avec mortier **N° 4** ——————		
70	— — — avec mortier **N° 5** ——————		
71	— — — avec mortier **N° 6** ——————		
72	— — — avec mortier **N° 7** ——————		

§ 9. *Maçonnerie en moëllons d'assises non réglées*,

Pour murs en élévation, avec parements vus, rejointoyés, sans crépissage.

NUMÉROS D'ORDRE.	INDICATIONS GÉNÉRALES.	PRIX ÉLÉMENTAIRES.	PRIX TOTAUX.
73	Le mètre cube de maçonnerie en moëllons posés à sec : **Parties droites.** { 1m 10 de moëllons, à ————— Façon, outils et faux-frais —————		
74	**Parties courbes ou voûtées.** { 1m 20 de moëllons, à ————— Façon, outils et faux-frais —————		
75	Le mètre cube de maçonnerie en moëllons posés avec mortier **N° 1** : **Parties droites.** { 1m 10 de moëllons, à ————— 0m 30 de mortiers, à ————— Façon, outils et faux-frais —————		
76	Le mètre cube de même maçonnerie en moëllons avec mortier **N° 2** ——————		
77	— — — avec mortier **N° 3** ——————		
78	— — — avec mortier **N° 4** ——————		
79	— — — avec mortier **N° 5** ——————		
80	— — — avec mortier **N° 6** ——————		
81	— — — avec mortier **N° 7** ——————		

NUMÉROS D'ORDRE.	INDICATIONS GÉNÉRALES.	PRIX ÉLÉMENTAIRES.	PRIX TOTAUX.
82	Le mètre cube de maçonnerie en moëllons posés avec mortier **N° 1** : *Parties courbes ou voûtées.* { 1^m 15 de moëllons, à ———— 0^m 30 de mortier, à ———— Façon, outils et faux-frais ————		
83	Le mètre cube de même maçonnerie en moëllons avec mortier **N° 2** ————		
84	— — — avec mortier **N° 3** ————		
85	— — — avec mortier **N° 4** ————		
86	— — — avec mortier **N° 5** ————		
87	— — — avec mortier **N° 6** ————		
88	— — — avec mortier **N° 7** ————		

§ 10. *Maçonnerie en moëllons d'assises réglées,*
proprement smillés.

89	Le mètre cube de cette maçonnerie sera payé d'après les prix précédents, sans avoir égard au plus grand déchet des moëllons, qui se trouvera compensé par la valeur du mortier employé en moins, mais il sera tenu compte de la taille des parements suivant les prix portés au numéro d'ordre 157.		

§ 11. *Maçonnerie en briques.*

90	Le mètre cube de maçonnerie en briques ordinaires, pour cloisons, tuyaux de cheminées ou autres ouvrages analogues, avec mortier **N° 1**, rejointoiement compris : *Parties droites.* { briques entières ———— 50 briques de déchet ———— 0^m 30 de mortier, à ———— Façon, outils et faux-frais ————		
91	Le mètre cube de même maçonnerie avec mortier **N° 2** ————		
92	— — avec mortier **N° 3** ————		
93	— — avec mortier **N° 4** ————		
94	— — avec mortier **N° 5** ————		
95	— — avec mortier **N° 6** ————		
96	— — avec mortier **N° 7** ————		
97	Le mètre cube de même maçonnerie avec mortier **N° 1** : *Parties courbes ou voûtées.* { briques entières ———— 100 briques de déchet ———— 0^m 40 de mortier, à ———— Façon, outils et faux-frais ————		

NUMÉROS D'ORDRE.	INDICATIONS GÉNÉRALES.	PRIX ÉLÉMENTAIRES.	PRIX TOTAUX.
98	Le mètre cube de même maçonnerie avec mortier **N° 2**		
99	— — avec mortier **N° 3**		
100	— — avec mortier **N° 4**		
101	— — avec mortier **N° 5**		
102	— — avec mortier **N° 6**		
103	— — avec mortier **N° 7**		
104	Le mètre cube de maçonnerie en briques réfractaires posées avec mortier **N° 1**, rejointoiement compris : *Parties droites.* { briques entières 50 briques de déchet 0ᵐ 25 de mortier, à Façon, outils et faux-frais }		
105	Le mètre cube de même maçonnerie avec mortier **N° 2**		
106	— — avec mortier **N° 3**		
107	— — avec mortier **N° 4**		
108	— — avec mortier **N° 5**		
109	— — avec mortier **N° 6**		
110	— — avec mortier **N° 7**		
111	Le mètre cube de même maçonnerie avec mortier **N° 1** : *Parties courbes ou voûtées* { briques entières 100 briques de déchet 0ᵐ 40 de mortier, à Façon, outils et faux-frais }		
112	Le mètre cube de même maçonnerie avec mortier **N° 2**		
113	— — avec mortier **N° 3**		
114	— — avec mortier **N° 4**		
115	— — avec mortier **N° 5**		
116	— — avec mortier **N° 6**		
117	— — avec mortier **N° 7**		

§ 12. *Maçonnerie en pierres de taille.*

NUMÉROS D'ORDRE.	INDICATIONS GÉNÉRALES.	PRIX ÉLÉMENTAIRES.	PRIX TOTAUX.
118	Le mètre cube de maçonnerie en pierre de taille tendre avec mortier **N° 1** : *Parties droites.* { 1ᵐ 10 de pierre, à 0ᵐ 05 de mortier, à Pose et rejointoiement Taille et ragréement }		

NUMÉROS D'ORDRE.	INDICATIONS GÉNÉRALES.	PRIX ÉLÉMENTAIRES.	PRIX TOTAUX.
119	Le mètre cube de maçonnerie en pierre de taille tendre avec mortier N° 2 ___		
120	— — — avec mortier N° 3		
121	— — — avec mortier N° 4 ___		
122	— — — avec mortier N° 5		
123	— — — avec mortier N° 6 ___		
124	Le mètre cube de même maçonnerie avec mortier N° 1 :		
	Parties courbes ou voûtées. { 1ᵐ 15 de pierre, à ___		
	0ᵐ 08 de mortier, à ___		
	Pose et rejointoiement ___		
	Taille et ragréement ___		
125	Le mètre cube de même maçonnerie avec mortier N° 2 ___		
126	— — avec mortier N° 3 ___		
127	— — avec mortier N° 4 ___		
128	— — avec mortier N° 5 ___		
129	— — avec mortier N° 6 ___		
130	Le mètre cube de maçonnerie en pierre de taille dure avec mortier N° 1 :		
	Parties droites. { 1ᵐ 10 de pierre, à ___		
	0ᵐ 05 de mortier, à		
	Pose et rejointoiement ___		
	Taille et ragréement ___		
131	Le mètre cube de même maçonnerie avec mortier N° 2 ___		
132	— — avec mortier N° 3 ___		
133	— — avec mortier N° 4 ___		
134	— — avec mortier N° 5 ___		
135	— — avec mortier N° 6 ___		
136	Le mètre cube de maçonnerie en pierre de taille dure avec mortier N° 1 :		
	Parties courbes ou voûtées. { 1ᵐ 15 de pierre, à ___		
	0ᵐ 08 mortier, à ___		
	Taille et ragréement ___		
	Pose et rejointoiement ___		
137	Le mètre cube de même maçonnerie avec mortier N° 2 ___		
138	— — avec mortier N° 3 ___		
139	— — avec mortier N° 4 ___		
140	— — avec mortier N° 5 ___		
141	— — avec mortier N° 6 ___		

NUMÉROS D'ORDRE.	INDICATIONS GÉNÉRALES.	PRIX ÉLÉMENTAIRES.	PRIX TOTAUX.
142	Plus-value, sur les prix précédents, par chaque mètre cube de pierre de taille qui sera employé pour parpaings, cheminées, dallages, éviers, potagers, et autres ouvrages analogues ————		
143	Le mètre cube de maçonnerie en granit avec mortier **N° 1** :		
	Parties droites. 1^m 10 de granit, à ———— 0^m 05 de mortier, à ———— Taille et ragréement ———— Pose et rejointoiement ————		
144	Le mètre cube de même maçonnerie en granit avec mortier **N° 2** ————		
145	— — — avec mortier **N° 3** ————		
146	— — — avec mortier **N° 4** ————		
147	— — — avec mortier **N° 5** ————		
148	— — — avec mortier **N° 6** ————		
149	Le mètre cube de maçonnerie en granit avec mortier **N° 1** :		
	Parties courbes ou voûtées. 1^m 15 de granit, à ———— 0^m 08 de mortier, à ———— Taille et ragréement ———— Pose et rejointoiement ————		
150	Le mètre cube de même maçonnerie en granit avec mortier **N° 2** ————		
151	— — — avec mortier **N° 3** ————		
152	— — — avec mortier **N° 4** ————		
153	— — — avec mortier **N° 5** ————		
154	— — — avec mortier **N° 6** ————		
155	Plus-value par mètre cube de maçonnerie de toute espèce, quand elle sera faite en petite partie, pour reprise ou surhaussement sur vieux murs : Au rez-de-chaussée ———— Aux étages ————		

Nota. — Lorsque les maçonneries en pierre de taille comporteront des parties à moulures, elles seront payées conformément aux prix portés au paragraphe suivant, n^{os} d'ordre 161, 163 et 165.

NUMÉROS D'ORDRE.	INDICATIONS GÉNÉRALES.	PRIX ÉLÉMENTAIRES.	PRIX TOTAUX.

§ 13. *Taille des pierres.*

156	Le mètre carré de taille de parements vus de moëllons ou briques, par assises de hasard : En parties droites ———— En parties courbes ————		
157	Le mètre carré de taille de parements vus de moëllons proprement smillés à la pointe du marteau, par assises réglées : En parties droites ———— En parties courbes ————		
158	Le mètre carré de trait de scie dans la pierre tendre ————		
159	— — dans la pierre dure ————		
160	Le mètre carré de grosse taille, sur pierre tendre : En parties droites ———— En parties courbes ————		
161	Le mètre carré de taille soignée, sur pierre tendre : En parties droites ———— En parties courbes ———— En parties à moulures ————		
162	Le mètre carré de grosse taille, sur pierre dure : En parties droites ———— En parties courbes ————		
163	Le mètre carré de taille soignée, sur pierre dure : En parties droites ———— En parties courbes ———— En parties à moulures ————		
164	Le mètre carré de grosse taille, sur granit : En parties droites ———— En parties courbes ————		
165	Le mètre carré de taille soignée, sur granit : En parties droites ———— En parties courbes ———— En parties à moulures ————		

NOTA. — Les prix ci-dessus sont aussi applicables aux faces des vieilles pierres retaillées, et aux autres ouvrages analogues.

NUMÉROS D'ORDRE.	INDICATIONS GÉNÉRALES.	PRIX ÉLÉMENTAIRES.	PRIX TOTAUX.
	§. 14. _Enduits, renformis et rejointoiements._		
	NOTA. — Pour toutes les maçonneries rejointoyées avec mortiers différents de ceux employés à la construction, il sera tenu compte de la plus-value du prix des mortiers.		
	Enduits et Renformis.		
166	Le mètre carré de crépis et enduits à une couche, avec mortier **N° 1** :		
	$0^m 015$ de mortier, à ———		
	Façon, outils et faux-frais ———		
167	Le mètre carré de mêmes crépis et enduits, avec mortier **N° 2** ———		
168	— — — avec mortier **N° 3** ———		
169	— — — avec mortier **N° 4** ———		
170	— — — avec mortier **N° 5** ———		
171	— — — avec mortier **N° 6** ———		
172	Le mètre carré de crépis et enduits à deux couches, avec mortier **N° 1** :		
	$0^m 02$ de mortier, à ———		
	Façon, outils et faux-frais ———		
173	Le mètre carré de mêmes crépis et enduits, avec mortier **N° 2** ———		
174	— — — avec mortier **N° 3** ———		
175	— — — avec mortier **N° 4** ———		
176	— — — avec mortier **N° 5** ———		
177	— — — avec mortier **N° 6** ———		
178	Le mètre carré de crépis, enduits, et renformis jusqu'à $0^m 05$ d'épaisseur, avec mortier **N° 1** :		
	$0^m 025$ de mortier, à ———		
	Briques, tuileaux ou moëllons ———		
	Façon, outils et faux-frais ———		
179	Le mètre carré de mêmes crépis, etc., avec mortier **N° 2** ———		
180	— — avec mortier **N° 3** ———		
181	— — avec mortier **N° 4** ———		
182	— — avec mortier **N° 5** ———		
183	— — avec mortier **N° 6** ———		
	Rejointoiements.		
184	Le mètre carré de rejointoiement sur murs ou sur briques, avec mortier **N° 1** :		
	$0^m 01$ de mortiers, à ———		
	Façon, outils et faux-frais ———		

NUMÉROS D'ORDRE.	INDICATIONS GÉNÉRALES.	PRIX ÉLÉMENTAIRES.	PRIX TOTAUX.
185	Le mètre carré de même rejointoiement, avec mortier **N° 2**		
186	— — avec mortier **N° 3**		
187	— — avec mortier **N° 4**		
188	— — avec mortier **N° 5**		
189	— — avec mortier **N° 6**		
190	Le mètre carré de rejointoiement sur murs en pierre de taille, avec mortier **N° 1** :		
	0ᵐ 005 de mortier, à		
	Façon, outils et faux-frais		
191	Le mètre carré de même rejointoiement, avec mortier **N° 2**		
192	— — avec mortier **N° 3**		
193	— — avec mortier **N° 4**		
194	— — avec mortier **N° 5**		
195	— — avec mortier **N° 6**		
196	Le mètre carré d'enduit en mastic lithargyré et huile de lin, à une couche :		
	Mastic et huile		
	Façon, outils et faux-frais		
197	Le mètre carré de rejointoiement en même mastic, sur murs ou sur briques :		
	Mastic et huile		
	Façon, outils et faux-frais		
198	Le mètre carré de rejointoiement en même mastic, sur pierre de taille :		
	Mastic et huile		
	Façon, outils et faux-frais		

§ 15. *Rivets.*

NUMÉROS D'ORDRE.	INDICATIONS GÉNÉRALES.	PRIX ÉLÉMENTAIRES.	PRIX TOTAUX.
199	Le mètre courant de rivets, jusqu'à 0ᵐ 10 de hauteur, en mortier **N° 1** :		
	0ᵐ 005 de mortier, à		
	Façon, outils et faux-frais		
200	Le mètre courant de mêmes rivets, en mortier **N° 2**		
201	— — en mortier **N° 3**		
202	— — en mortier **N° 4**		
203	— — en mortier **N° 5**		
204	— — en mortier **N° 6**		
205	Le mètre courant de rivets en mastic lithargyré, jusqu'à 0ᵐ 05 de hauteur :		
	Mastic et huile		
	Façon, outils et faux-frais		
106	Prix à ajouter ou à diminuer, par chaque centimètre en plus ou en moins de hauteur		

NUMÉROS D'ORDRE.	INDICATIONS GÉNÉRALES.	PRIX ÉLÉMENTAIRES.	PRIX TOTAUX.

§ 16. *Blanchissage* et *Badigeonnage*
toutes fournitures comprises.

207	Le mètre carré de blanchissage au lait de chaux, à une couche, sans colle		
208	Chaque couche en sus de la première		
209	Le mètre carré de badigeonnage jaune, rouge ou gris, à une couche, sans colle		
210	Chaque couche en sus de la première		
211	Le mètre carré de blanchissage au lait de chaux, à une couche, avec colle		
212	Chaque couche en sus de la première		
213	Le mètre carré de badigeonnage à la colle, à une couche		
214	Chaque couche en sus de la première		
215	Le mètre carré de blanchissage ou badigeonnage, pour la main-d'œuvre seulement, sera payé par couche		

§ 17. *Scellements.*

216	Chaque scellement des bois de charpente, en maçonnerie avec mortier **N° 1** :		
	0ᵐ 01 de mortier, à		
	Façon, outils et faux-frais		
217	Chaque même scellement de bois, avec mortier **N° 2**		
218	— — avec mortier **N° 3**		
219	— — avec mortier **N° 4**		
220	— — avec mortier **N° 5**		
221	— — avec mortier **N° 6**		
222	— — avec mortier **N° 7**		

§ 18. *Poterie* pour tuyaux de poëles, cheminées, fourneaux, conduits, etc.

NUMÉROS	INDICATIONS	VALEUR des pots.	PRIX de la pose.
223	Le mètre courant de poterie en tuyaux : diamètre intérieur 0ᵐ 05		
	— 0ᵐ 07		
	— 0ᵐ 08		
	— 0ᵐ 11		
	— 0ᵐ 13		
	— 0ᵐ 18		
	— 0ᵐ 20		

Nota. — Pour la fourniture du mortier nécessaire, il en sera tenu compte suivant l'espèce et la quantité employées.

NUMÉROS D'ORDRE.	INDICATIONS GÉNÉRALES.	PRIX ÉLÉMENTAIRES.	PRIX TOTAUX.
	§ 19. *Carrelage. — Matériaux.*		
224	Le mètre carré de pierre dure de 0^m 08 à 0^m 10 d'épaisseur :		
	Sciée		
	Taillée		
225	Le cent de carreaux en pierre de		
	Sciée		
	Taillée		
226	Le cent de carreaux en terre cuite ordinaire, simples, de		
227	Le cent de carreaux en terre cuite ordinaire, doubles, de		
228	Le cent de carreaux en terre réfractaire, de		
229	Le cent de carreaux de terre de choix, durs et droits, de		
230	Le cent de carreaux en ardoise taillée, de		
231	Le cent de carreaux en pierre de Tonnerre, de		
	§ 20. *Carrelages en place* *Avec rejointoiement.*		
232	Le mètre carré de dallage en pierre dure :		
	1^m 00 de pierre		
	0^m 03 de mortier, à		
	Façon, outils et faux-frais		
233	Le mètre carré de carrelage en pierre dure :		
	carreaux à		
	0^m 03 de mortier, à		
	Façon, outils et faux-frais		

NUMÉROS D'ORDRE.	INDICATIONS GÉNÉRALES.	PRIX ÉLÉMENTAIRES.	PRIX TOTAUX.
234	Le mètre carré de carrelage en carreaux de terre cuite, simples :		
	carreaux, à		
	0^m 03 de mortier, à		
	Façon, outils et faux-frais		
235	Le mètre carré de même carrelage		
236	— —		
237	Le mètre carré de carrelage en carreaux doubles :		
	carreaux, à		
	0^m 03 de mortier, à		
	Façon, outils et faux-frais		
238	Le mètre carré de même carrelage		
239	— —		
240	Le mètre carré de carrelage en carreaux réfractaires :		
	carreaux, à		
	0^m 03 de mortier, à		
	Façon, outils et faux-frais		
241	Le mètre carré de même carrelage		
242	— —		
243	— —		
244	Le mètre carré de carrelage en carreaux de choix, durs et droits :		
	carreaux, à		
	0^m 03 de mortier, à		
	Façon, outils et faux-frais		
245	Le mètre carré de même carrelage		
246	Le mètre carré de carrelage en carreaux d'ardoises :		
	carreaux, à		
	0^m 03 de mortier, à		
	Façon, outils et faux-frais		
247	Le mètre carré de même carrelage en carreaux d'ardoises		
248	— —		

NUMÉROS D'ORDRE.	INDICATIONS GÉNÉRALES.	PRIX ÉLÉMENTAIRES.	PRIX TOTAUX.
249	Le mètre carré de carrelage en carreaux de Tonnerre :		
	carreaux, à ————		
	1^m 03 de mortier, à ————		
	Façon, outils et faux-frais ————		
250	Le mètre carré de même carrelage ————		
251	— — ————		

CHARPENTERIE ET MENUISERIE.

NATURE DES OUVRAGES ET QUALITÉ DES MATÉRIAUX.

§ 1er. CHARPENTERIE.

Qualité des bois.

Tous les bois à employer dans les constructions doivent être de la meilleure qualité, abattus dans a bonne saison et depuis deux années au moins ; ils seront de droit fil et non tranchés , sains , sans aubier ni roulures, exempts de gelivures, de nœuds vicieux ou de tout autre défaut.

Classification.

Sont réputés bois en grume, ou non équarris, les bois ronds et ceux dont les faces sont dressées dans toute la longueur sur au moins les quatre cinquièmes de la largeur.

Les bois à vives arêtes sont ceux dont toutes les faces sont refaites à la hache et à la bisaiguë, dans toute la longueur et la largeur.

Des madriers et planches.

Les madriers et planches auront une épaisseur uniforme dans toute leur longueur et leurs côtés seront droits.

Sont considérés comme planches, tous les madriers ayant moins de 0^{m}05 d'épaisseur, et comme madriers, tous les bois méplats ayant de 0^{m}05 à 0^{m}10 d'épaisseur et une largeur environ du double.

Des charpentes.

Les bois de charpente seront proprement et solidement assemblés, suivant les règles de l'art, à tenons et mortaises, conformément aux plans qui seront donnés par l'architecte ; les chevilles seront faites en cœur de chêne et traverseront les tenons de manière à ne point les faire fendre.

Les prix du bordereau comprennent les transports ; les déchets, façons et fournitures accessoires, telles que les clous et pointes qui servent à fixer les ouvrages.

Il ne sera rien ajouté à ces prix pour la pose du fer ni pour les trous de boulons et de chevillettes, qu'il y ait ou non encastrement de têtes ou d'écrous.

Les hachements, coupements, entailles pour étriers, corbeaux, délardements, coupes biaises, feuillures, etc., sont également compris dans le prix des bois.

Portée des bois.

La portée des entraits, poutres, pannes ou autres pièces dont les extrémités sont scellées dans les murs, ne pourra être moindre de $0^m 30$ que l'on ajoutera à leur longueur dans le mesurage. La portée des palatrages ou linteaux de baies sera de $0^m 20$ au-delà de l'aplomb des jambages.

Les pannes des couvertures auront, pour se joindre, les extrémités coupées en biseau, sur une longueur de $0^m 30$, de manière à être placées dans le prolongement les unes des autres et à avoir l'apparence d'une pièce d'un seul morceau ; l'assemblage devra porter sur le milieu des arbalétriers et être soutenu par une chantignolle de $0^m 25$ de longueur, fixée par deux chevilles en fer.

Des ouvrages en planches.

Toutes les planches seront bien sèches, sans aubier, ni fentes ni mauvais nœuds ; elles seront posées brutes ou blanchies, assemblées à joints ou à rainures et languettes, suivant ce qui sera prescrit. Pour les planchers, cloisons et tillis, les planches auront, autant que possible, la longueur ou la hauteur des appartements, et, à défaut de dimensions suffisantes, les deux extrémités devront porter sur des soliveaux ou sur des barres. Chaque planche sera retenue par des pointes qu'on enfoncera de manière à ne pas laisser fendre le bois.

Les barres des portes et contrevents auront $0^m 10$ de largeur, et les battements, de $0^m 05$ à $0^m 08$; les pointes qui les traverseront seront proprement rivées.

Bois en location.

Les bois pour cintres, couchis, étais, chevalements, étrésillons, ne sont considérés que comme bois en location.

La durée de la location pour ces bois, comme pour les fers qui en dépendent, est prévue pour six mois au plus, et, dans le cas où cette location se prolongerait, il serait payé une plus-value. Toutefois, le propriétaire aura toujours le droit d'acquérir les bois et fers en location au prix du bordereau, duquel on déduira ce qui aura été payé à titre de location.

Quand les bois en location seront déplacés et replacés sur d'autres points, il ne sera alloué que la valeur du déplacement et du replacement.

Mode des mesurages.

Les bois seront comptés au mètre cube, d'après leur équarrissage réel en œuvre, compris les tenons, encastrements, croisements et portées.

Les cloisons, planchers, tablettes, portes et contrevents seront payés au mètre carré.

Les tringles et listeaux seront comptés au mètre courant, suivant les dimensions en œuvre.

§ 2. *MENUISERIE.*

Qualités des bois.

Les bois employés seront de première qualité ; ils devront être parfaitement sains et secs, sans aubier ni nœuds vicieux. Le chêne sera de la plus belle espèce employée ordinairement pour faire des croisées ; le noyer sera noir et les autres bois seront choisis parmi ceux les plus beaux dans l'espèce qui sera désignée.

Des assemblages.

Les assemblages seront faits, suivant la nature des ouvrages, à tenons et mortaises, à queues d'aronde, rainures et languettes et à clés, ainsi qu'il est d'usage de le faire dans l'art de la menuiserie, et en outre comme il sera prescrit par l'architecte. Tous les assemblages à tenons et mortaises seront collés et retenus par deux chevilles.

Des croisées.

Les croisées seront à grands ou petits carreaux, d'après les dimensions que l'on fournira à l'entrepreneur ; elles se fermeront à gueule de loup et à noix, et seront garnies de jets d'eau. Les dormants auront un tiers de plus d'épaisseur que les châssis.

Portes à panneaux et lambris.

Dans les portes à panneaux et lambris, l'épaisseur des panneaux ne pourra être moindre de la moitié de celle des bâtis ; les moulures des cadres seront conformes aux dessins d'exécution.

L'entrepreneur devra faire reconnaître, en temps utile et avant peinture, les ouvrages dont les dimensions ou qualités ne pourraient être constatées ultérieurement ; il sera aussi obligé, toutes les fois qu'il en sera requis, de donner aux ouvrages tous les jeux nécessaires à leur mise en bon état, jusqu'au jour de la réception définitive des travaux.

Du mesurage.

Les ouvrages de menuiserie seront comptés au mètre carré, au mètre linéaire ou à la pièce, conformément à la classification adoptée dans la série des prix du bordereau.

Les ouvrages à la pièce ne doivent comprendre que les objets qui, par leurs formes ou dimensions, ne pourraient être mesurés et comptés soit au mètre carré, soit au mètre linéaire.

BORDEREAU DE PRIX

CHARPENTERIE ET MENUISERIE.

NUMÉROS D'ORDRE.	INDICATIONS GÉNÉRALES.	PRIX Avec fourniture des bois.	Sans fourniture des bois.
	§ Ier. CHARPENTERIE.		
	Journées.		
1	La journée d'un charpentier muni de ses outils.... .... 		
	Bois rendus à pied d'œuvre.		
2	Le mètre cube de bois en grume................ { Chêne ——— / Orme ——— / Sapin rouge ——— / Sapin blanc ——— / Pin ——— / Peuplier, aubier, etc.—		
3	Le mètre cube de bois équarri comme le livre le commerce...................... { Chêne ——— / Orme ——— / Sapin rouge ——— / Sapin blanc ——— / Pin ——— / Peuplier, aubier, etc.—		
4	Plus-value par mètre cube, pour bois de toute espèce au-dessus de 0^m 30 d'équarrissage ———————		
5	Le mètre cube de madriers jusqu'à 0^m 10 d'épaisseur. { Chêne ——— / Orme ——— / Sapin rouge ——— / Sapin blanc ——— / Pin ——— / Peuplier, aubier, etc.—		

Dans l'en-tête de l'encadré « Journées » :

Prix des Journées	
du 1er Avril au 31 Octobre.	du 1er Novem. au 31 Mars.

NUMÉROS D'ORDRE	INDICATIONS GÉNÉRALES.	PRIX	
		Avec fourniture des bois.	Sans fourniture des bois.
6	Le mètre carré de planches de 0^m 035 d'épaisseur.... { Chêne ——— / Orme ——— / Sapin rouge ——— / Sapin blanc ——— / Pin ——— / Peuplier, aubier, etc.—		
7	Prix à ajouter ou à diminuer des prix précédents, par chaque demi-centimètre en plus ou en moins d'épaisseur............ { Chêne ——— / Orme ——— / Sapin rouge ——— / Sapin blanc ——— / Pin ——— / Peuplier, aubier, etc.—		

Sciage.

8	Le mètre carré de sciage de bois de chêne ou autres bois durs, neufs ———		
	— — — vieux ———		
9	Le mètre carré de sciage de sapin ou autres bois tendres, neufs ———		
	— — — vieux ———		

Démolitions.

10	Le mètre carré de démolition de planchers, portes, lambris, cloisons, rampes, limons, marches d'escalier et tous autres ouvrages analogues, compris arrachage des clous et rangement des matériaux ———		
11	Le mètre cube de démolition de gros bois, compris descente, arrachage de clous et rangement des matériaux ———		

Cintres, échaffaudages et étaiements.

(Les bois considérés comme étant en location.)

12	Le mètre carré de cintrage de voûte, arceaux, etc., compris supports et couchis ———		
13	Le mètre carré de cintrage de voûte, arceaux, etc., en bois déplacés et replacés —		
14	— de cloisons, planchers ou lattis en bois brut ———		
15	— — blanchis et à joints carrés ———		
16	— — blanchis et à rainures et languettes ———		
17	Le mètre cube de bois quelconque, pour échauffaudages, étaiements, chevalements, etc., avec assemblage ———		
18	— — sans assemblage ———		
19	Le mètre cube de même bois, déplacé et replacé avec assemblage ———		
20	— — sans assemblage ———		

NUMÉROS D'ORDRE.	INDICATIONS GÉNÉRALES.	PRIX Avec fourniture des bois.	Sans fourniture des bois.
	Charpente mise en place.		
21	Le mètre cube de charpente sans assemblage....... Chêne — / Orme — / Sapin rouge — / Sapin blanc — / Pin — / Peuplier, aubier, etc.—		
22	Le mètre cube de charpente avec assemblage...... Chêne — / Orme — / Sapin rouge — / Sapin blanc — / Pin — / Peuplier, aubier, etc.—		
23	Le mètre carré de blanchissage de bois à la galère et au rabot : En chêne ou bois durs — / En sapin ou bois tendres —		

Tringles, listaux, alaises et étrésillons
pour plafonds.

NUMÉROS D'ORDRE.	INDICATIONS GÉNÉRALES.	PRIX Avec fourniture des bois.	Sans fourniture des bois.
24	Le mètre carré de tringles, listaux, alaises, étrésillons de plafonds ou autres ouvrages analogues, en bois de $0^m 035$ d'épaisseur, brut de sciage............. Chêne — / Orme — / Sapin rouge — / Sapin blanc — / Pin — / Peuplier, aubier, etc.—		
25	Le mètre carré des mêmes ouvrages que dessus, en bois dressé et blanchi........... Chêne — / Orme — / Sapin rouge — / Sapin blanc — / Pin — / Peuplier, aubier, etc.—		
26	Prix à ajouter ou à diminuer des prix précédents, par chaque demi-centimètre en plus ou en moins d'épaisseur, comme au n° 7 —		

NOTA.— Les prix ci-dessus serviront à déterminer les prix du mètre courant pour les ouvrages analogues de toutes dimensions.

NUMÉROS D'ORDRE.	INDICATIONS GÉNÉRALES.	PRIX	
		Avec fourniture des bois.	Sans fourniture des bois.

Revêtements, cloisons, planchers.

NUMÉROS D'ORDRE.	INDICATIONS GÉNÉRALES.	Avec fourniture des bois.	Sans fourniture des bois.
27	Le mètre carré de planches de 0^m 035 d'épaisseur, employées brutes............... { Chêne — / Orme — / Sapin rouge — / Sapin blanc — / Pin — / Peuplier, aubier, etc.—		
28	Le mètre carré de planches de 0^m 035 d'épaisseur, les joints dressés carrément........ { Chêne — / Orme — / Sapin rouge — / Sapin blanc — / Pin — / Peuplier, aubier, etc.—		
29	Le mètre carré de planches de 0^m 035 d'épaisseur, assemblées à rainures et languettes.. { Chêne — / Orme — / Sapin rouge — / Sapin blanc — / Pin — / Peuplier, aubier, etc.—		
30	Le mètre carré de planches de 0^m 035 d'épaisseur, assemblées à rainures et languettes, et blanchies d'un côté............. { Chêne — / Orme — / Sapin rouge — / Sapin blanc — / Pin — / Peuplier, aubier, etc.—		
31	Le mètre carré de planches de 0^m 035 d'épaisseur, assemblées à rainures et languettes, et blanchies des deux côtés....... { Chêne — / Orme — / Sapin rouge — / Sapin blanc — / Pin — / Peuplier, aubier, etc.—		
32	Le mètre carré de planches de 0^m 035 d'épaisseur, refendues, assemblées à rainures et languettes, et blanchies d'un côté, sans joints à liaisons............ { Chêne — / Orme — / Sapin rouge — / Sapin blanc — / Pin — / Peuplier, aubier, etc.—		

NUMÉROS D'ORDRE.	INDICATIONS GÉNÉRALES.	PRIX Avec fourniture des bois.	Sans fourniture des bois.
33	Le mètre carré de planches de 0^m 035 d'épaisseur, refendues, assemblées à rainures et languettes, blanchies d'un côté et les joints à liaisons................ Chêne —— / Orme —— / Sapin rouge —— / Sapin blanc —— / Pin —— / Peuplier, aubier, etc.—		
34	Prix à ajouter ou à diminuer des prix précédents, par chaque demi-centimètre en plus ou en moins d'épaisseur, comme au n° 7 ——		

Escaliers *de 1^m 00 à 1^m 10 d'emmarchement.*

NUMÉROS D'ORDRE.	INDICATIONS GÉNÉRALES.	PRIX Avec fourniture des bois.	Sans fourniture des bois.
35	La marche d'escalier, avec cloisons ou rampe en planches, compris rampe d'arrivée sur les paliers et main-courante..... Chêne —— / Orme —— / Sapin rouge —— / Sapin blanc —— / Pin —— / Peuplier, aubier, etc.—		
36	La marche d'escalier à noyau et limon en bois dur, marches de 0^m 035 et contre-marches de 0^m 027 d'épaisseur, compris ferrures, plates-bandes, main-courante et rampe avec bâtons tournés....... Chêne —— / Orme —— / Sapin rouge —— / Sapin blanc —— / Pin —— / Peuplier, aubier, etc.—		
37	La marche d'escalier à tête profilée par-bout, limon en bois dur, marches de 0^m 035 et contre-marches en planches de 0^m 027 d'épaisseur, compris ferrures, (la rampe et la main-courante payées à part)... Chêne —— / Orme —— / Sapin rouge —— / Sapin blanc —— / Pin —— / Peuplier, aubier, etc.—		
38	Le mètre courant de main-courante en bois dur, en place, parties droites ——		
39	— — — parties courbes —		
40	Chaque petit bâton tourné pour rampes d'escalier, en place ——		
41	Chaque pilastre avec boule tournée pour rampe d'escalier, en place ——		

NUMÉROS D'ORDRE.	INDICATIONS GÉNÉRALES.	PRIX	
		Avec fourniture des bois.	Sans fourniture des bois.
42	Le mètre courant de plinthes à crémaillères, de 0^m 015 d'épaisseur.................... { Chêne ——— / Orme ——— / Sapin rouge ——— / Sapin blanc ——— / Pin ——— / Peuplier, aubier, etc. ———		

§ 2. MENUISERIE.

Journées.

		Prix des Journées	
		du 1er Avril au 31 Octobre.	du 1er Novem. au 31 Mars.
43	La journée d'un menuisier muni de ses outils................		

Bois rendus à pied d'œuvre.

44 — Le mètre cube de madriers de toutes longueurs et de 0^m 05 à 0^m 10 d'épaisseur :

En chêne de Hollande ———

En noyer ———

(Voir pour les autres bois au paragraphe Charpenterie.

Parquets.

45 — Le mètre carré de parquet de 0^m 035 d'épaisseur, en point de Hongrie ou en bâtons rompus :

En chêne ———

En sapin ———

46 — Le mètre carré de même parquet en point de Hongrie retourné :

En chêne ———

En sapin ———

47 — Le mètre carré de parquet de 0^m 035 d'épaisseur, en feuille :

En chêne ———

En sapin ———

48 — Prix à ajouter ou à diminuer des prix précédents, par chaque demi-centimètre en plus ou en moins d'épaisseur, comme au n° 7 ———

NUMÉROS D'ORDRE.	INDICATIONS GÉNÉRALES.	PRIX	
		Avec fourniture des bois.	Sans fourniture des bois.

Portes, volets et contrevents.

NUMÉROS D'ORDRE.	INDICATIONS GÉNÉRALES.	Avec fourniture des bois.	Sans fourniture des bois.
49	Le mètre carré de portes, volets ou contrevents en planches ordinaires, de 0ᵐ 035 d'épaisseur, sur barres assemblées à queue d'aronde ou clés en chêne, avec ou sans emboîtures.......... Chêne / Orme / Sapin rouge / Sapin blanc / Pin / Peuplier, aubier, etc.		
50	Le mètre carré de portes, volets ou contrevents en planches refendues, de 0ᵐ 035 d'épaisseur et 0ᵐ 10 de largeur, sur barres à queue d'aronde ou clés en chêne, avec ou sans emboîtures.... Chêne / Orme / Sapin rouge / Sapin blanc / Pin / Peuplier, aubier, etc.		
51	Le mètre courant de dormants en bois durs, de 0ᵐ 05 à 0ᵐ 06 d'épaisseur		
52	Le mètre carré de porte d'entrée, d'assemblages en planches de 0ᵐ 05 d'épaiss., à cadres allégis, parquet dans le bas, avec ou sans dormant et imposte.......... Chêne / Orme / Sapin rouge / Sapin blanc / Pin / Peuplier, aubier, etc.		
53	Prix à ajouter ou à diminuer des prix précédents, par chaque demi-centimètre en plus ou en moins d'épaisseur, comme au n° 7		

Portes et croisées à vitrer, persiennes.

NUMÉROS D'ORDRE.	INDICATIONS GÉNÉRALES.	Avec fourniture des bois.	Sans fourniture des bois.
54	Le mètre carré de portes ou croisées avec châssis en planches de 0ᵐ 035 d'épaisseur, avec ou sans impostes, dormants et jets d'eau............................. Chêne / Orme / Sapin rouge / Sapin blanc / Pin / Peuplier, aubier, etc.		
55	Le mètre carré de persiennes en planches de 0ᵐ 035 d'épaisseur, avec dormants........ Chêne / Orme / Sapin rouge / Sapin blanc / Pin / Peuplier, aubier, etc.		
56	Prix à ajouter ou à diminuer des prix précédents, par chaque demi-centimètre en plus ou en moins d'épaisseur, comme au n° 7		

NUMÉROS D'ORDRE.	INDICATIONS GÉNÉRALES.	PRIX	
		Avec fourniture des bois.	Sans fourniture des bois.
57	Plus-value par mètre carré, pour les menuiseries en bois tendre, quand les dormants, appuis et jets d'eau seront faits en bois dur ———		

Portes à panneaux.

58	Le mètre carré de portes à panneaux, montants et traverses, en planches de $0^m 035$ d'épaisseur, sans listels rapportés... Chêne ——— / Orme ——— / Sapin rouge ——— / Sapin blanc ——— / Pin ——— / Peuplier, aubier, etc.—		
59	Le mètre carré de portes à panneaux, en planches de $0^m 035$ d'épaisseur, avec listels rapportés.................... Chêne ——— / Orme ——— / Sapin rouge ——— / Sapin blanc ——— / Pin ——— / Peuplier, aubier, etc.—		
60	Prix à ajouter ou à diminuer des prix précédents, par chaque demi-centimètre en plus ou en moins d'épaisseur ———		
61	Plus-value par mètre carré de portes, croisées, persiennes, contrevents ou volets, quand ils seront brisés en feuilles : un dixième en plus des prix précédents ———		

Huisserie et châssis dormants.

62	Le mètre courant de poteaux d'huisserie de $0^m 06$ d'épaisseur et $0^m 11$ de largeur, avec ou sans feuillures................ Chêne ——— / Orme ——— / Sapin rouge ——— / Sapin blanc ——— / Pin ——— / Peuplier, aubier, etc.—		
63	Le mètre courant de châssis dormants de $0^m 05$ à $0^m 06$ d'épaisseur, avec ou sans feuillures.. Chêne ——— / Orme ——— / Sapin rouge ——— / Sapin blanc ——— / Pin ——— / Peuplier, aubier, etc.—		

NOTA.— Les ouvrages de plus fortes dimensions seront payés proportionnellement aux prix ci-dessus, et d'après le cube des bois employés.

NUMÉROS D'ORDRE.	INDICATIONS GÉNÉRALES.	PRIX Avec fourniture des bois.	PRIX Sans fourniture des bois.
	Lambris d'appui, de hauteur et embrasement.		
64	Le mètre carré de lambris d'appui ou de hauteur et d'embrasement, à cadres en menuiserie sans listels rapportés, montants et traverses en planches de 0^m 035 d'épaisseur, à un seul parement..... Chêne — Orme — Sapin rouge — Sapin blanc — Pin — Peuplier, aubier, etc.—		
65	Le mètre carré de même lambris à deux parements... Chêne — Orme — Sapin rouge — Sapin blanc — Pin — Peuplier, aubier, etc.—		
66	Le mètre carré de même lambris avec listels rapportés à un seul parement.............. Chêne — Orme — Sapin rouge — Sapin blanc — Pin — Peuplier, aubier, etc.—		
67	Le mètre carré de même lambris avec listels rapportés à deux parements................ Chêne — Orme — Sapin rouge — Sapin blanc — Pin — Peuplier, aubier, etc.—		
68	Prix à ajouter ou à diminuer des prix précédents, par chaque demi-centimètre en plus ou en moins d'épaisseur, comme au n° 7 —		
69	Le mètre carré de parquets à glaces, unis en planches de 0^m 035 d'épaisseur............. Chêne — Orme — Sapin rouge — Sapin blanc — Pin — Peuplier, aubier, etc.—		

NUMÉROS D'ORDRE.	INDICATIONS GÉNÉRALES.	PRIX	
		Avec fourniture des bois.	Sans fourniture des bois.
70	Le mètre carré de parquets à glaces détachées, avec pilastres...................... Chêne / Orme / Sapin rouge / Sapin blanc / Pin / Peuplier, aubier, etc.		

Stylobates, plinthes, cymaises, baguettes d'angle et moulures.

NUMÉROS D'ORDRE.	INDICATIONS GÉNÉRALES.	Avec fourniture des bois.	Sans fourniture des bois.
71	Le mètre courant de stylobates à deux saillies, de $0^m 035$ et $0^m 025$ d'épaisseur sur $0^m 30$ de hauteur, sans moulures rapportées. Chêne / Orme / Sapin rouge / Sapin blanc / Pin / Peuplier, aubier, etc.		
72	Le mètre courant de plinthes ordinaires de $0^m 10$ de hauteur, en planches de $0^m 02$ d'épaiss. Chêne / Orme / Sapin rouge / Sapin blanc / Pin / Peuplier, aubier, etc.		
73	Le mètre courant de cymaises de $0^m 03$ à $0^m 04$ d'équarrissage...................... Chêne / Orme / Sapin rouge / Sapin blanc / Pin / Peuplier, aubier, etc.		
74	Le mètre courant de baguettes d'angle, jusqu'à $0^m 03$ de diamètre...................... Chêne / Orme / Sapin rouge / Sapin blanc / Pin / Peuplier, aubier, etc.		

NUMÉROS D'ORDRE.	INDICATIONS GÉNÉRALES.	PRIX	
		Avec fourniture des bois.	Sans fourniture des bois.
75	Le mètre carré de moulures quelconques pour chambranles, corniches, etc., en planches de 0ᵐ 035 d'épaisseur .... Chêne —— Orme —— Sapin rouge —— Sapin blanc —— Pin —— Peuplier, aubier, etc. ——		
76	Prix à ajouter ou à diminuer des prix précédents, par chaque demi-centimètre en plus ou en moins d'épaisseur ——		

Claire - voie.

77	Le mètre carré de claire-voie, avec traverses et poteaux de distance en distance, les barreaux ronds ou carrés et à pointes, façon et pose comprises : En bois dure —— En bois tendre ——		

NOTA. — La valeur des bois sera payée d'après la quantité employée, avec addition d'un dixième en sus pour déchet.

Réparations d'anciennes menuiseries,

en bois quelconque.

NOTA. — Les prix ci-dessous ne comprennent que la façon et la fourniture de pointes et clous pour la pose ; les bois qui seront fournis par l'entrepreneur seront payés à part, aux prix des bois bruts.

Déplacement de menuiseries.

78	Le mètre carré de parquets, croisées, portes, volets, contrevents, persiennes, embrasements, lambris, etc. ——		

Replacement avec façons partielles.

79	Le mètre carré de même menuiserie que ci-dessus, posée seulement ——		
80	— — coupée et posée ——		
81	— — coupée, équarrie et posée ——		
82	— — réparée et posée sans être déchevillée ——		
83	— — déchevillée, réparée, rechevillée et posée ——		
84	Le mètre courant de plinthes, cymaises ou baguettes d'angle ajustées et posées ——		
85	— de stylobates ajustés et posés ——		
86	— de moulures ajustées et posées, de 0ᵐ 01 à 0ᵐ 05 de large ——		
87	Prix à ajouter par chaque centimètre en plus de largeur ——		

NUMÉROS D'ORDRE.	INDICATIONS GÉNÉRALES.	PRIX	
		Avec fourniture des bois.	Sans fourniture des bois.
88	Chaque lame de jalousie ou de persienne posée en remplacement, en bois quelconque ————		
89	Chaque tablette d'encoignure en bois quelconque, compris tasseaux, de $0^m 15$ à $0^m 20$ de rayon ————		
90	Dessus de siége d'aisance ordinaire, en bois quelconque, à tampon, en planches de $0^m 035$ d'épaisseur, avec barres à queue et tasseaux ; par chaque trou ————		
91	Lieux d'aisance à l'anglaise, en bois quelconque, à moulures devant, et bâtis de $0^m 035$ d'épaisseur, abattant de $0^m 027$ d'épaisseur, emboîté, barré à queue et tasseaux avec trapillon ————		

PARTIES COURBES.

| 92 | Les menuiseries en général qui comporteront quelques parties courbes seront payées un dixième en plus des prix précédents. | | |

PARTIES CINTRÉES.

| 93 | Le mètre carré de parties de menuiserie cintrée sera payé moitié en plus des prix précédents. | | |

m	0,05	0,06	0,07	0,08	0,09	0,10	0,11	0,12	0,13	0,14	0,15	0,16	0,17	0,18	0,19	0,20	0,21	0,22	0,23	0,24	0,25	0,26	0,27	0,28	0,29	0,30
0,05	0,0025																									
0,06	0,0030	0,0036																								
0,07	0,0035	0,0042	0,0049																							
0,08	0,0040	0,0048	0,0056	0,0064																						
0,09	0,0045	0,0054	0,0063	0,0072	0,0081																					
0,10	0,0050	0,0060	0,0070	0,0080	0,0090	0,0100																				
0,11	0,0055	0,0066	0,0077	0,0088	0,0099	0,0110	0,0121																			
0,12	0,0060	0,0072	0,0084	0,0096	0,0108	0,0120	0,0132	0,0144																		
0,13	0,0065	0,0078	0,0091	0,0104	0,0117	0,0130	0,0143	0,0156	0,0169																	
0,14	0,0070	0,0084	0,0098	0,0112	0,0126	0,0140	0,0154	0,0168	0,0182	0,0196																
0,15	0,0075	0,0090	0,0105	0,0120	0,0135	0,0150	0,0165	0,0180	0,0195	0,0210	0,0225															
0,16	0,0080	0,0096	0,0112	0,0128	0,0144	0,0160	0,0176	0,0192	0,0208	0,0224	0,0240	0,0256														
0,17	0,0085	0,0102	0,0119	0,0136	0,0153	0,0170	0,0187	0,0204	0,0221	0,0238	0,0255	0,0272	0,0289													
0,18	0,0090	0,0108	0,0126	0,0144	0,0162	0,0180	0,0198	0,0216	0,0234	0,0252	0,0270	0,0288	0,0306	0,0324												
0,19	0,0095	0,0114	0,0133	0,0152	0,0171	0,0190	0,0209	0,0228	0,0247	0,0266	0,0285	0,0304	0,0323	0,0342	0,0361											
0,20	0,0100	0,0120	0,0140	0,0160	0,0180	0,0200	0,0220	0,0240	0,0260	0,0280	0,0300	0,0320	0,0340	0,0360	0,0380	0,0400										
0,21	0,0105	0,0126	0,0147	0,0168	0,0189	0,0210	0,0231	0,0252	0,0273	0,0294	0,0315	0,0336	0,0357	0,0378	0,0399	0,0420	0,0441									
0,22	0,0110	0,0132	0,0154	0,0176	0,0198	0,0220	0,0242	0,0264	0,0286	0,0308	0,0330	0,0352	0,0374	0,0396	0,0418	0,0440	0,0462	0,0484								
0,23	0,0115	0,0138	0,0161	0,0184	0,0207	0,0230	0,0253	0,0276	0,0299	0,0322	0,0345	0,0368	0,0391	0,0414	0,0437	0,0460	0,0483	0,0506	0,0529							
0,24	0,0120	0,0144	0,0168	0,0192	0,0216	0,0240	0,0264	0,0288	0,0312	0,0336	0,0360	0,0384	0,0408	0,0432	0,0456	0,0480	0,0504	0,0528	0,0552	0,0576						
0,25	0,0125	0,0150	0,0175	0,0200	0,0225	0,0250	0,0275	0,0300	0,0325	0,0350	0,0375	0,0400	0,0425	0,0450	0,0475	0,0500	0,0525	0,0550	0,0575	0,0600	0,0625					
0,26	0,0130	0,0156	0,0182	0,0208	0,0234	0,0260	0,0286	0,0312	0,0338	0,0364	0,0390	0,0416	0,0442	0,0468	0,0494	0,0520	0,0546	0,0572	0,0598	0,0624	0,0650	0,0676				
0,27	0,0135	0,0162	0,0189	0,0216	0,0243	0,0270	0,0297	0,0324	0,0351	0,0378	0,0405	0,0432	0,0459	0,0486	0,0513	0,0540	0,0567	0,0594	0,0621	0,0648	0,0675	0,0702	0,0729			
0,28	0,0140	0,0168	0,0193	0,0224	0,0252	0,0280	0,0308	0,0336	0,0364	0,0392	0,0420	0,0448	0,0476	0,0504	0,0532	0,0560	0,0588	0,0616	0,0644	0,0672	0,0700	0,0728	0,0756	0,0784		
0,29	0,0145	0,0174	0,0203	0,0232	0,0261	0,0290	0,0319	0,0348	0,0377	0,0406	0,0435	0,0464	0,0493	0,0522	0,0551	0,0580	0,0609	0,0638	0,0667	0,0696	0,0725	0,0754	0,0783	0,0812	0,0841	
0,30	0,0150	0,0180	0,0210	0,0240	0,0270	0,0300	0,0330	0,0360	0,0390	0,0420	0,0450	0,0480	0,0510	0,0540	0,0570	0,0600	0,0630	0,0660	0,0690	0,0720	0,0750	0,0780	0,0810	0,0840	0,0870	0,0900

SERRURERIE.

NATURE DES OUVRAGES ET QUALITÉ DES MATÉRIAUX.

Qualités des fers.

On ne pourra employer que des fers doux, liants, nerveux, sans paille, bien battus et proprement travaillés.

Les fers cendreux, rouverains ou aigres seront refusés. En général les fers devront être de première qualité.

Des ouvrages.

Les ouvrages seront faits avec soin, et proprement forgés et limés ; ils devront avoir les dimensions et les formes prescrites par l'architecte.

Les pentures seront droites ou coudées, ou à congés, selon qu'on le jugera convenable ; elles couvriront les trois quarts de la largeur du ventail sur lequel elles seront posées. La largeur des pentures variera de $0^m 04$ à $0^m 05$ centimètres, et l'épaisseur de $0^m 005$ à $0^m 008$ millimètres, suivant la grandeur des ouvertures.

Les gonds auront le mamelon de $0^m 020$ à $0^m 030$ millimètres de diamètre ; ils seront à vis ou à scellement, suivant ce qui sera fixé lors de l'exécution des travaux.

Les espagnolettes et crémones, suivant la place qu'elles devront occuper et ainsi qu'il sera désigné, auront $0^m 014$ à $0^m 020$ millimètres de diamètre ; elles seront blanchies à la lime, bien dressées, et garnies de trois ou quatre embases avec lacets. Les poignées d'espagnolettes devront être suffisamment fortes et évidées à la grecque.

Les fiches seront à trois ou quatre lames rivées et à broche, ou à deux lames et à doubles vases dites à dégonder.

Les serrures et toute autre fourniture de sujétion devront être de qualité supérieure.

Ces ouvrages seront faits de main de maître ou proviendront des meilleures fabriques de quincaillerie ; ils seront conformes à chacun des modèles déposés au bureau de l'architecte.

Dés scellements.

Tous les scellements devront être faits soit en plomb soit en mastic lithargyré, avec l'attention, pour cette dernière espèce, d'assécher préalablement la pierre et d'imbiber d'huile de lin les parois du trou. Il est interdit, sous quelque prétexte que ce soit, de faire des scellements au plâtre.

De la pose.

L'entrepreneur est tenu à la pose de ses ouvrages, et à faire pratiquer, sans augmentation de prix, toutes les entailles et encastrements nécessaires sur le bois ou dans la pierre.

Des attachements.

Avant la pose de chacune des pièces d'une ferrure quelconque, l'entrepreneur devra en prévenir le surveillant des travaux qui vérifiera ces ouvrages et en constatera le poids avant de les soumettre à la peinture.

Le poids des ouvrages qui n'aurait pas été exactement constaté sera fixé comme il est dit ci-après, et l'entrepreneur ne pourra élever aucune réclamation contre ce mode d'appréciation.

FERS MÉPLATS.

Le poids du mètre courant de fer méplat sera déterminé en multipliant la largeur par l'épaisseur, et le total par 7 grammes 788 milligrammes.

FERS RONDS.

Le poids du mètre courant de fer rond sera fixé en multipliant le diamètre par lui-même, et le total en millimètres par 6 grammes 119 milligrammes.

BORDEREAU DE PRIX

SERRURERIE.

NUMÉROS D'ORDRE.	INDICATIONS GÉNÉRALES.	PRIX	
		Avec fourniture des fers.	Sans fourniture des fers.
	§ 1er. _Journées._	Prix des Journées	
		du 1er Avril au 31 Octobre.	du 1er Novem. au 31 Mars.
1	La journée d'un ouvrier serrurier…		
	§ 2. _Prix des matériaux._		
2	Les cent kilog. de Gros ou moyen Fer carré, rond ou méplat		
3	— Petit Fer, _id._		
4	— Fer a simple ou a double T, de toutes dimensions		
5	— Fer a moulures pour lanternes		
6	— Petit Fer ou barrettes a moulures pour chassis		
7	— Tôle de toutes dimensions		
8	— Fonte pour plaques de cheminées et ouvrages sans sujétion		
9	— Fonte pour colonnes pleines ou creuses, pour tuyaux de de descente et autres ouvrages de sujétion fondus sur modèles		
10	— Fonte ornée, pour balustrades, barres d'appui, balcons		
	§ 3. _Fers mis en œuvre._		
11	Le kilogramme de Fer coupé de longueur seulement, pour ancres et linteaux : Un kilo de fer à — Façon et pose —		
12	— Fer en barres presque droites, qui n'exigent la mise au feu que sur une partie de la longueur, pour tirants et autres ouvrages analogues, compris percement de trous : Un kilo 05 gr. de fer, à — Charbon — Façon et pose —		

NUMÉROS D'ORDRE.	INDICATIONS GÉNÉRALES.	PRIX	
		Avec fourniture des fers.	Sans fourniture des fers.
13	Le kilogramme de FER COUDÉ OU CONTRE-COUDÉ, pour tirants, étriers, colliers, ceintures, gros boulons, forte ferrure de grande porte, balcons de terrasse, grilles, crochets et autres pièces analogues au-dessus du poids de 6 kilogr., avec trous percés et tiges taraudées s'il y a lieu : Un kilo 05 gr. de fer, à Charbon Façon et pose		
14	— FER MOYEN pour ferrures ordinaires confondues, telles que combles en petit fer, petits boulons à écrous, gros crochets, colliers, armures de pompes, brides, équerres, étriers, pentures, crampons, portes, petites grilles, chevillettes, pattes, clous de toute espèce, ayant au moins 0,06 centimètres de longueur, avec percement de trous et tiges taraudées s'il y a lieu : Un kilo 10 gr. de fer, à Charbon Façon et pose		
15	— PETIT FER pour ouvrages de sujétion ajustés à la lime fine, ou tournés, tels que petits gonds, petites pentures, minces arêts, équerres, paumelles, fiches, espagnolettes, poignées, petits crochets, main-courante d'escaliers, grille en fer roulé et autres ouvrages analogues : Un kilo 15 gr. de fer, à Charbon Façon et pose		
16	— FER A SIMPLE OU A DOUBLE T, de toutes dimensions, pour planchers ou portails, compris percement de trous s'il y a lieu : Un kilo 02 gr. de fer, à Charbon Façon et pose		
17	— FER A MOULURES, pour lanternes ou autres ouvrages analogues avec ajustement : Un kilo 05 gr. de fer, à Charbon Façon et pose		
18	— PETIT FER OU BARRETTES A MOULURES, pour chassis avec petits bois : Un kilo 10 gr. de fer, à Charbon Façon et pose		
19	— TÔLE pour tirettes, portes de fourneaux, revêtements et autres ouvrages analogues : Un kilo 15 gr. de tôle, à Charbon Façon et pose		

NUMÉROS D'ORDRE.	INDICATIONS GÉNÉRALES.	PRIX	
		Avec fourniture des fers.	Sans fourniture des fers.

§ 4. *Fonte et fers à façon.*

20 — Le kilogramme de FONTE A BATIMENT , ajustement, percement de trous, compris menues fournitures de clous , pattes ou vis :

21 — Pour le n° 8 ——————

22 — » n° 9 ——————

23 — » n° 10 ——————

24 — GROSSE FERRURE DÉMONTÉE ——————

25 — » » passée au feu et remontée ——————

26 — PETITE FERRURE DÉMONTEE ——————

27 — » » passée au feu et remontée ——————

28 — GRILLE DORMANTE , les barreaux à scellement, chaque bout —

29 — » avec sommier et traverses ——————

30 — » avec sommier, traverses et arc-boutant —

31 — Le mètre courant RAMPE D'ESCALIER , à cols de cygne ou à pitons et fuseaux en fonte, ajustée et posée ——————

32 — » à pitons et chapiteaux en fonte , avec fuseaux en fer , ajustée et posée ——————

Pour les rampes d'escaliers à façon, la main-courante sera payée à part, comme à l'article n° 59.

§ 5. *Ouvrages au mètre superficiel.*

33 — Le mètre carré de GRILLAGE en fil de fer, compris pose, liens et pointes :

En mailles de 0^m 020, fil de fer n° 6 ——————

34 — » 0^m 022 » n° 6 ——————

35 — » 0^m 025 » n° 6 ——————

36 — » 0^m 030 » n° 7 ——————

37 — » 0^m 042 » n° 7 ——————

38 — » 0^m 050 » n° 8 ——————

§ 6. *Ouvrages au mètre linéaire.*

39 — Le mètre courant de CRÉMONE ordinaire, tringle noire en fer demi-rond et garniture en fonte, de 0^m 014 de diamètre ——————

40 — de 0^m 016 » ——————

41 — de 0^m 018 » ——————

42 — de 0^m 020 » ——————

43 — — ronde, en fer de 0^m 022 millimètres , à clé , pour grande porte-cochère ——————

44 — ESPAGNOLETTE avec toutes garnitures et poignée évidée à la grecque , en fer, de 0^m 016 de diamètre ——————

45 — » de 0^m 018 » ——————

NUMÉROS D'ORDRE.	INDICATIONS GÉNÉRALES.	PRIX	
		Avec fourniture des fers.	Sans fourniture des fers.
46	Le mètre courant de CHARNIÈRES LONGUES A NŒUDS SOUDÉS, entaillées et posées avec vis :		
	Nœud de 0^m 030 de hauteur ________		
47	— » de 0^m 035 » ________		
48	— » de 0^m 040 » ________		
49	— » de 0^m 045 » ________		
50	— » de 0^m 050 » ________		
51	— » de 0^m 055 » ________		
52	— » de 0^m 060 » ________		
53	— » de 0^m 070 » ________		
54	— » de 0^m 080 » ________		
55	— » de 0^m 090 » ________		
56	Le mètre courant EQUERRE FORTE A CONGÉ, compris entailles, vis et pose :		
	En fer de 0^m 005 sur 0^m 021 ________		
57	— » de 0^m 006 sur 0^m 032 ________		
58	— » de 0^m 007 sur 0^m 035 ________		
59	— BANDELETTES EN FER, pour main-courante ou plate-bande d'assemblage de limon d'escaliers, entaillées et fixées avec vis :		
	En fer de 0^m 027 sur 0^m 005 ________		
60	— » de 0^m 034 sur 0^m 005 ________		
61	— » de 0^m 041 sur 0^m 007 ________		
62	— » de 0^m 047 sur 0^m 009 ________		
63	— » de 0^m 055 sur 0^m 009 ________		
64	Le mètre courant RAMPE D'ESCALIER, à barreaux ronds espacés de 0^m 16 en 0^m 16, à pointes sur limon garni d'un astragale et les barreaux recouverts d'une plate-bande ou bandelette :		
	En fer de 0^m 016 de diamètre ________		
65	— » de 0^m 018 » ________		
66	— de même rampe, avec pitons en fonte, rosaces, chapiteaux à boule et main-courante en bandelette :		
	En fer de 0^m 016 de diamètre ________		
67	— » de 0^m 018 » ________		
68	— » de 0^m 020 garnitures fortes ________		

Pour les autres rampes en fonte, avec ornements, le prix en sera fixé d'après ceux portés au n° 10, comprenant la valeur de la fonte, — au n° 31, la façon, — et au n° 59, les bandelettes.

NUMÉROS D'ORDRE.	INDICATIONS GÉNÉRALES.	PRIX	
		Avec fourniture des fers.	Sans fourniture des fers.
	§ 7. _Ouvrages à la pièce_, _mis en place._		
69	Chaque GOND à scellement, pour penture ordinaire ou entaillée :		
	Jusqu'à 0^m 40 de branche ———		
70	» 0^m 65 » ———		
71	Au-dessus de 0^m 65 » ———		
72	Chaque GOND à pattes, pour penture ordinaire ou entaillée :		
	Jusqu'à 0^m 40 de branche ———		
73	» 0^m 65 » ———		
74	Au-dessus de 0^m 65 » ———		
75	Chaque PENTURE ordinaire droite, gond non compris, sans être élargie au collet, mais chanfreinée au marteau, posée sans entaille, avec clous et vis :		
	Jusqu'à 0^m 33 de longueur ———		
76	— de 0^m 33 à 0^m 40 devant peser environ 0^k 650 ———		
77	— de 0^m 40 à 0^m 50 » 0^k 850 ———		
78	— de 0^m 50 à 0^m 65 » 1^k 100 ———		
79	— de 0^m 65 à 0^m 80 » 1^k 800 ———		
80	— de 0^m 80 à 0^m 90 » 2^k 400 ———		
81	— de 0^m 90 à 1^m 00 » 2^k 850 ———		
82	Chaque PENTURE coudée ou élargie en congé au collet, dressée à la lime et posée avec boulons et vis :		
	Jusqu'à 0^m 33 de longueur ———		
83	— de 0^m 33 à 0^m 40, devant peser environ 0^k 750 ———		
84	— de 0^m 40 à 0^m 50 » 1^k 000 ———		
85	— de 0^m 50 à 0^m 65 » 1^k 500 ———		
86	— de 0^m 65 à 0^m 80 » 2^k 150 ———		
87	— de 0^m 80 à 0^m 90 » 2^k 800 ———		
88	— de 0^m 90 à 1^m 00 » 3^k 400 ———		
89	Chaque EQUERRE pour persienne, sans gond, tout compris ———		
90	Chaque SERRURE, pêne dormant, à bouterole, deux tours, de 0^m 16 ———		
91	— — — 0^m 14 ———		
92	— — à un tour, 0^m 08 ———		
93	Chaque SERRURE D'ARMOIRE, bénarde variée, posée avec vis :		
	Bronzée, de 0^m 07, gâche comprise ———		
94	— Polie, 0^m 08 » ———		
95	— A canon, 0^m 09, forte, » ———		

NUMÉROS D'ORDRE.	INDICATIONS GÉNÉRALES.	PRIX Avec fourniture des fers.	Sans fourniture des fers.
96	Chaque SERRURE A ESPAGNOLETTE, pour placards, de 0ᵐ 09, en place, tout compris —		
97	— A DEMI-TOUR, pour cabinet d'aisance, de 0ᵐ 11, avec une clé, compris entrée et pose —		
98	Chaque clé en plus —		
99	Chaque SERRURE A PÈNE DORMANT, demi-tour, noire, à trainette, de 0ᵐ 14 —		
100	— — polie, 0ᵐ 14 —		
101	— A PÈNE NOUVEAU, — 0ᵐ 14 —		
102	— DE SURETÉ, bénarde, polie, quatre gorges, de 0ᵐ 14, avec deux clés —		
103	Chaque SERRURE DE PORTE-COCHÈRE, de 0ᵐ 16, bronzée, à deux canons, une grosse clé et trois passepartouts —		
104	Chaque BEC-DE-CANNE, noir, de 0ᵐ 11, avec gâche en place —		
105	— » de 0ᵐ 14 —		
106	— bronzé, de 0ᵐ 11 —		
107	— » de 0ᵐ 14 —		
108	— poli, de 0ᵐ 11 —		
109	— » de 0ᵐ 14 —		
110	Chaque SERRURE OU BEC-DE-CANNE, avec verroux ou arrêt, sera payé en plus —		
111	Chaque BOUTON DOUBLE, pour serrure ou bec-de-canne : En cuivre, modèle ordinaire nᵒ 4 —		
112	» modèle de choix —		
113	En bois, ordinaire à rallonge de 0ᵐ 050 —		
114	» de choix, avec garniture en cuivre —		
115	Chaque BOUTON DE PORTE, fixe, en fonte bronzée, de 0ᵐ 070 —		
116	— cuivre antique, 0ᵐ 070 —		
117	Chaque CLE DE SERRURE fournie à neuf, forée —		
118	— — non forée —		
119	— réparée —		
120	Chaque SERRURE RÉPARÉE, avec changement de menues pièces, y compris le déplacement et la pose —		
121	— avec changement de cloison, foncet, pène et ressort, y compris le déplacement et la pose —		
122	— sans changement de pièces, y compris le déplacement et la pose —		
123	Chaque SERRURE NETTOYÉE, y compris le déplacement et la pose —		
124	Chaque GACHE A POINTE, mise en place —		
125	— ENCLOISONNÉE —		
126	— A PATTES OU A SCELLEMENT, —		

NUMÉROS D'ORDRE.	INDICATIONS GÉNÉRALES.	PRIX	
		Avec fourniture des fers.	Sans fourniture des fers.
127	Chaque LOQUET A POUCIER OU A BOUTON, avec ses garnitures, mis en place		
128	— — fort, pour grande porte-cochère, tout compris		
129	— LOQUET A CLÉ, tout compris		
130	— MENTONNET DE LOQUET, en remplacement		
131	— POIGNÉE » »		
132	— POUCIER » »		
133	— BATTANT » »		
134	— CRAMPON » »		
135	— TARGETTE A VERROU, en cuivre, jusqu'à 0^m 08 de longueur		
136	— BOUTON DE BATTANT DE LOQUET		
137	— BOUTON DE LOQUET A OLIVE		
138	— FORT CROCHET, à pattes ou à scellement, de 0^m 20 à 0^m 30 de longueur, avec ses pitons, mis en place		
139	— CROCHET A VIS, à pointes ou à scellement, de 0^m 12 à 0^m 20 de longueur, avec ses pitons, mis en place		
140	— PITON A POINTE, mis en place		
141	— » A VIS, »		
142	— » A SCELLEMENT, »		
143	— CROCHET A VIS, à pointes ou à scellement, de 0^m 12 et au-dessous, avec ses pitons, mis en place		
144	— FICHE A LAMES DÉCAPÉES, rivée à broche, mise en place : » » de 0^m 14		
145	» » de 0^m 16		
146	» » de 0^m 20		
147	Chaque FICHE A DÉGONDER sera payée en plus des prix précédents		
148	— PAUMELLE A BANDE OU A DÉGONDER, mise en place : » » de 0^m 14		
149	» » de 0^m 19		
150	» » de 0^m 25		
151	Chaque FORT VERROU PLAT A RESSORT, avec son crampon, mis en place : au-dessous de 0^m 20		
152	» » de 0^m 20 à 0^m 30		
153	» » de 0^m 30 à 0^m 50		
154	Chaque TARGETTE, de 0^m 06 à 0^m 08 de longueur, tout compris		
155	— de 0^m 09 à 0^m 13 »		
156	— de 0^m 14 à 0^m 18 »		
157	Chaque CHARNIÈRE de 0^m 08 à 0^m 10, mise en place		
158	— MAIN OU POIGNÉE, à pointes, tout compris		

NUMÉROS D'ORDRE.	INDICATIONS GÉNÉRALES.	PRIX	
		Avec fourniture des fers.	Sans fourniture des fers.
159	Chaque LOQUETEAU DE PERSIENNES, à ressorts ou avec goujons scellés dans la pierre, tout compris		
160	— EQUERRE SIMPLE, de 0^m 20 et au-dessous, de côté, pour portes ou persiennes, tout compris		
161	— ARRÊTOIRE A BASCULE, à ressort, pour portes, persiennes ou contrevents, mis en place		
162	— GARNITURE D'ESPAGNOLETTE, à bascule en bois, composée d'un boulon à écrou, une poignée à pointes et deux supports		
163	— SUPPORT D'ESPAGNOLETTE, à bascule en bois		
164	— SOUDURE D'ESPAGNOLETTE, compris menues fournitures et ajustement		
165	— POIGNÉE D'ESPAGNOLETTE en remplacement, mise en place		
166	— AGRAFFE, panneton, lacet ou gâche d'espagnolette, mis en place		
167	— CLOU A CROCHET, à pointes ou à scellement, mis en place		
168	Chaque PATTE DROITE OU COUDÉE, de 0^m 08 de longueur et au-dessous, en place		
169	— de 0^m 09 à 0^m 15 de longueur, mise en place		
170	— de 0^m 16 à 0^m 25 »		
171	Chaque BOULON A ECROU, de 0^m 05 à 0^m 07 de longueur, pour penture		
172	— de 0^m 07 à 0^m 10 »		
173	— de 0^m 19 à 0^m 25 de long et 0^m 009 d'épaisseur, pour relier les dormants des fermetures, mis en place		
174	Chaque VIS A BOIS, mise en place, au-dessous de 0^m 03		
175	— de 0^m 03 à 0^m 05		
176	— de 0^m 05 à 0^m 08		
177	— de 0^m 08 à 0^m 10		

§ 8. *Ouvrages divers en quincaillerie.*

| 178 | En général, pour tous les articles de quincaillerie, l'entrepreneur sera remboursé, aux prix du cours, de la valeur des objets fournis, et il lui sera tenu compte de 50 p. 0/0 en plus, pour ajustage, pose et menues fournitures de clous, vis, etc., bénéfice compris. | | |

NUMÉROS D'ORDRE.	INDICATIONS GÉNÉRALES.	PRIX	
		Avec fourniture des fers.	Sans fourniture des fers.

§ 9. *Articles divers.*

Devantures de boutiques.

179	Le mètre courant de charnières et paumelles entaillées		
180	Chaque panneton à agraffe		
181	— Poignée montée sur platine		
182	— Boulon de fermeture garni de platine		
183	— Support de fermeture à charnières entaillées		
184	— Barre de fermeture et façon de gâche en tôle, compris les boulons et les supports		

Portes et Contrevents.

185	Chaque Paumelle entaillée, à T ou H		
186	— Penture posée avec gond de 0^m40 à 0^m65, entaillée		
187	» » non entaillée		
188	» de 0^m65 à 1^m00, entaillée		
189	» » non entaillée		
190	Chaque Serrure de sûreté, avec gâche		
191	» pène dormant, demi-tour, avec gâche et boutons		
192	» tour et demi, avec gâche et boutons		
193	Chaque Bec-de-canne, avec gâche et boutons		
194	— Ajustement d'un bouton double		
195	— Targette		
196	— Bouton de tirage		
197	— Loquet à battant		
198	— Ajustement de verrou à ressort, avec façon de gâche, non entaillé		
	» » entaillé		

Croisées.

199	Chaque Fiche à lames ou à dégonder		
200	— Equerre simple ou double, de 0^m20 et au-dessus		
201	— Espagnolette		
202	— Patte à scellement ou à pointe		
203	— Boulon pour relier les dormants des fermetures, compris percement des tableaux des fenêtres		
204	Chaque Crémone remplaçant l'espagnolette		
205	— Garniture d'espagnolette à bascule en bois		

NUMÉROS D'ORDRE.	INDICATIONS GÉNÉRALES.	PRIX	
		Avec fourniture des fers.	Sans fourniture des fers.
	Volets.		
206	Chaque Charnière carrée ou longue		
207	— Panneton et agraffe		
208	— Bec-de-canne à anneaux avec gâche, pour fermer les volets		
209	— Barre de fermeture, compris supports, boulons et rosettes avec clavettes en tôle		
	Persiennes.		
210	Chaque Façon et pose d'un gond		
211	— Equerre double		
212	— Paumelle à T ou H		
213	— Loqueteau à tirage		
214	— Crochet, de $0^m 05$ à $0^m 35$		
215	— Arrêt posé dans le bois ou dans la pierre		
216	— Battement		
217	— Poignée à patte ou à pointe		
	Placards.		
218	Chaque Charnière longue ou carrée		
219	— Crochet plat		
220	— Serrure avec gâche et entrée		
	Sonnettes.		
221	Le mètre courant de percement de trous		
222	— de tuyaux posés dans les trous et en dehors		
223	— de fil de fer posé		
224	Chaque façon de bascule simple, et pose		
225	— » double, compris la pose		
226	— Mouvement simple sur platine, entaillé et posé		
227	— double, »		
228	— Mouvement ordinaire posé		
229	— » double »		
230	— Boucle de jonction à ressort		
231	— Coulisseau de tirage		
232	— Préparation et pose d'une sonnette		

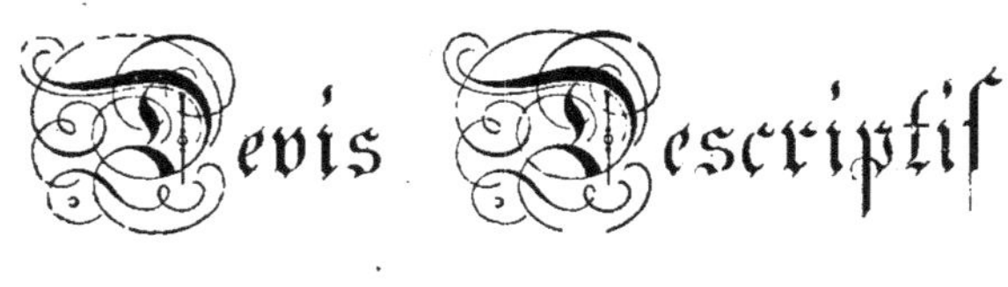

COUVERTURE.

NATURE DES OUVRAGES ET QUALITÉ DES MATÉRIAUX.

De la tuile.

Les tuiles proviendront des fabriques qui seront désignés par l'architecte ; elles seront de la meilleure qualité employée ordinairement dans le pays et devront être bien cuites, sonnantes et de couleur jaunâtre.

De l'ardoise.

Les ardoises seront de l'espèce appelée grand-carré, de force moyenne, ayant 0^m 30 centimètres de longueur sur 0^m 21 centimètres de largeur, et au moins 0^m 003 millimètres d'épaisseur ; elles devront être d'un beau noir, unies et dures.

Couvertures en tuiles.

Pour les couvertures en tuiles creuses, on placera d'abord, suivant la direction de la plus grande pente du toit en partant du larmier, deux rangées de tuiles emboîtées de 0^m 12 centimètres les unes dans les autres, et distantes de 0^m 04 centimètres à l'endroit de la plus grande largeur de la tuile ; on couvrira ensuite l'intervalle des deux rangées avec d'autres tuiles emboîtées comme les premières et ayant leurs concavités au-dessous. On continuera ensuite, file par file, dans toute l'étendue de chaque pan de la couverture, en ayant soin que les tuiles du larmier soient parfaitement alignées au cordeau et qu'elles dépassent d'un décimètre le lattis ou le mur.

Les tuiles pourront être aussi posées sur mortier, si le besoin l'exige.

Faîtages et arrêtiers.

Les faîtages, arrêtiers, noues, etc., seront faits en tuiles creuses ordinaires, se recouvrant des deux tiers, posées à bain de mortier, bien ravalé sur les bords avec la truelle.

Couvertures en tuiles creuses remaniées.

Les tuiles des couvertures à remanier seront démontées avec soin, grattées et nettoyées aux frais de l'entrepreneur et employées comme ci-dessus.

Des couvertures en ardoises.

Les ardoises, après avoir été proprement taillées et échantillonnées, seront posées par rangs de niveau, bien alignées et bien serrées, avec un tiers de pureau au plus ; chaque ardoise sera fixée par deux clous au moins, et la première rangée du larmier débordera de $0^m 08$ à $0^m 10$ centimètres. Tous les raccordements de pignons, lucarnes, souches de cheminées, noues, arrêtiers et faîtages, seront proprement faits.

Des couvertures en ardoises remaniées.

Les ardoises des couvertures à remanier seront démontées, grattées et retaillées avec précaution, puis elles seront remises en place avec le même soin que les ardoises neuves.

Du mesurage.

Les ouvrages de couverture seront comptés au mètre carré, en ne mesurant que la surface réelle des toits, compris leur saillie.

Les faîtages, guirlandes, arrêtiers, etc., seront payés au mètre courant, suivant les prix fixés au bordereau.

BORDEREAU DE PRIX

COUVERTURE.

<table>
<tr><td rowspan="2">NUMÉROS
D'ORDRE.</td><td rowspan="2">INDICATIONS GÉNÉRALES.</td><td colspan="2">PRIX</td></tr>
<tr><td>Avec fourniture
de matériaux.</td><td>Sans fourniture
de matériaux</td></tr>

<tr><td></td><td colspan="3">§ 1er. Journées.</td></tr>
<tr><td>1</td><td>La journée d'un ouvrier couvreur................... ....
[Prix des Journées : du 1er Avril au 31 Octobre. | du 1er Novem. au 31 Mars.]</td><td></td><td></td></tr>

<tr><td></td><td colspan="3">§ 2. Matériaux.</td></tr>
<tr><td>2</td><td>Le mille de tuiles ordinaires</td><td></td><td></td></tr>
<tr><td>3</td><td>—   de tuiles faîtières</td><td></td><td></td></tr>
<tr><td>4</td><td>—   d'ardoises dites grand-carré</td><td></td><td></td></tr>
<tr><td>5</td><td>—   de clous à ardoises</td><td></td><td></td></tr>
<tr><td>6</td><td>Le mètre cube de mortier avec sable et chaux grasse</td><td></td><td></td></tr>

<tr><td></td><td colspan="3">§ 3. Démolitions.</td></tr>
<tr><td>7</td><td>Le mètre carré de démolition de couverture en tuiles, comprenant descente, rangement des matériaux, et enlèvement de décombres —</td><td></td><td></td></tr>
<tr><td>8</td><td>— de démolition de couverture en ardoises, comprenant les mêmes mains-d'œuvre</td><td></td><td></td></tr>

<tr><td></td><td colspan="3">§. 4. Couvertures en tuiles.</td></tr>
<tr><td>9</td><td>Le mètre carré de couverture en tuiles posées à sec :
35 tuiles, à
Façon</td><td></td><td></td></tr>
<tr><td>10</td><td>Le mètre carré de couverture remaniée, sans descente de tuiles</td><td></td><td></td></tr>
<tr><td>11</td><td>— de couverture en tuiles posées sur mortier :
35 tuiles, à
0^m 03 de mortier, à
Façon</td><td></td><td></td></tr>
</table>

NUMÉROS D'ORDRE.	INDICATIONS GÉNÉRALES.	PRIX	
		Avec fourniture de matériaux.	Sans fourniture de matériaux.
12	Le mètre carré de couverture, remaniée sans descente de tuiles et posées sur mortier :		
	0ᵐ 03 de mortier, à ———		
	Façon ———		
13	Le cent de tuiles ordinaires, posées en recherches et à sec ———		
14	» » avec mortier ———		

§ 5. *Faîtages, guirlandes et arrêtiers.*

15	Le mètre courant de faîtage en tuiles ordinaires :		
	5 tuiles, à ———		
	0ᵐ 01 de mortier, à ———		
	Façon ———		
16	Le mètre courant de faîtage en tuiles faîtières :		
	4 tuiles, à ———		
	0ᵐ 01 de mortier, à ———		
	Façon ———		
17	Le cent de tuiles faîtières, posées en recherches, à sec ———		
18	» » avec mortier ———		

§ 6. *Couvertures en ardoises.*

19	Le mètre carré de couverture en ardoises, non compris le lattis :		
	50 ardoises, à ———		
	Façon et clous ———		
20	Le mètre carré de même couverture remaniée ———		
21	Le cent d'ardoises posées en recherches ———		

§ 7. *Tranchis, noues et arrêtiers.*

22	Le mètre courant de noues, tranchis et arrêtiers, non compris le lattis :		
	3 ardoises, à ———		
	Façon et clous ———		

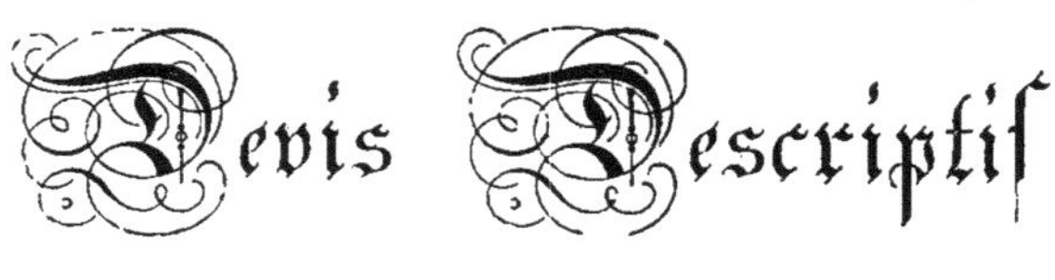

VITRERIE, PEINTURE ET DORURE.

NATURE DES OUVRAGES ET QUALITÉ DES MATÉRIAUX.

§ 1ᵉʳ. VITRERIE.

Qualité des verres.

Les verres que l'on emploiera seront conformes aux échantillons déposés et ils devront être soumis à une réception provisoire avant leur mise en place.

L'espèce en sera déterminée comme suit :

VERRE DOUBLE, épaiss. de 3 à 3 millimètres 1/2 ; environ 8ᵏ 000 au mètre superficiel.
»   DEMI-DOUBLE ,   de 2 à 2 millimètres 1/2 ;   6ᵏ 300   »
»   SIMPLE ,   de   1 millimètre 1/4 ;   4ᵏ 300   »

Les prix du bordereau ne sont applicables que pour les verres des neuf mesures du commerce , comprenant les feuilles des dimensions suivantes :

0ᵐ 69 sur 0ᵐ 54	0ᵐ 84 sur 0ᵐ 45	1ᵐ 02 sur 0ᵐ 36
0ᵐ 75 sur 0ᵐ 51	0ᵐ 90 sur 0ᵐ 42	1ᵐ 08 sur 0ᵐ 33
0ᵐ 81 sur 0ᵐ 48	0ᵐ 96 sur 0ᵐ 39	1ᵐ 14 sur 0ᵐ 30

Lorsqu'il sera jugé nécessaire d'employer des verres hors mesures, le prix en sera fixé à l'avance , d'après les dimensions et la qualité des feuilles.

De la pose des carreaux.

Chaque carreau devra remplir exactement l'ouverture pour laquelle il est destiné ; il sera fixé par un nombre suffisant de pointes et par une garniture de bon mastic proprement étendu. Aucun carreau ne sera posé à des chassis neufs, si les feuillures n'ont pas d'abord reçu une première couche de peinture.

Du mastic.

Le mastic , pour la pose des carreaux , sera composé de cinq parties de blanc de Bougival ou d'Espagne et d'une partie d'huile de lin pure, le tout bien pétri et battu.

Masticage et nettoyage des vieux carreaux.

Lors du remasticage des vieux carreaux , on détachera avec précaution le mastic tendant à se séparer de la feuillure, puis on posera des pointes là où il sera nécessaire et on étendra avec soin la garniture du nouveau mastic. Le nettoyage des carreaux sera fait au blanc d'Espagne ; tous les carreaux que l'on casserait en faisant l'une ou l'autre de ces opérations seront remplacés au compte de l'entrepreneur.

Mesurage.

Les carreaux sont mesurés et payés au mètre carré, mis en place ; le nettoyage et le remasticage sont comptés à la pièce.

§ 2. PEINTURE.

Dispositions générales.

1° Les ouvrages préparatoires à faire avant l'application des peintures à l'huile ou à la colle seront nominativement indiqués par l'architecte, ainsi que le nombre de couches à donner ; on n'admettra dans le compte des travaux que les seuls ouvrages préparatoires dont l'exécution aura été constatée.

Des couleurs.

2° Les couleurs à employer seront de première qualité, de la nature indiquée par l'architecte et préparées de manière à obtenir les tons qu'on aura prescrits.

De la colle.

3° La colle destinée à la préparation des peintures sera faite avec des rognures et grattages de parchemin qui seront dissous, par la cuisson, dans une quantité d'eau telle qu'un kilogramme de rognures produise six kilogrammes de colle.

Des huiles.

4° Les huiles qui seront employées sont l'huile blanche ou d'œillets provenant du pavot blanc, et l'huile de lin ; elles devront être épurées, claires et limpides. L'huile d'œillets servira pour détremper les couleurs employées à l'intérieur, et l'huile de lin pour celles employées à l'extérieur.

De l'essence et de son emploi.

5° L'essence de thérébentine sera pure, légère et sans couleur ; elle sera ajoutée à l'huile dans les proportions suivantes : pour les premières couches, un tiers d'essence et deux tiers d'huile ; pour les secondes, moitié essence ; et pour les troisièmes couches, deux tiers d'essence et un tiers d'huile.

Des siccatifs.

6° Lorsque l'emploi d'un siccatif sera reconnu nécessaire, on ne se servira que de litharge broyée convenablement et mêlée aux couleurs à raison de trois décagrammes par kilogramme de couleur détrempée.

Des vernis.

7° Les vernis qui seront employés sont ceux dits vernis gras au copal, de première qualité, réunissant la solidité à la limpidité et à la siccité. Ceux qui s'écailleront, qui se terniront ou feront gercer les peintures seront refusés.

Préparation des couleurs.

8° En général, les couleurs seront broyées avec soin et non délayées en poudre avec les huiles ou la colle ; celles détrempées à la colle devront être d'abord broyées à l'eau, on les mélangera ensuite à la colle indiquée ci-dessus, et dans la proportion d'un kilogramme de couleur pour un demi-kilogramme de colle ; celles détrempées à l'huile doivent être broyées à l'essence ou à l'huile, puis mélangées ensuite à l'huile combinée d'essence dans des proportions convenables et suivant la nature des couleurs dont quelques-unes exigent plus ou moins de liquide. Toutes les peintures, au reste, devront être assez claires pour s'étendre facilement et assez épaisses pour bien couvrir les fonds sur lesquels elles seront appliquées.

Application des peintures.

9° Avant de peindre un objet quelconque on devra le nettoyer soigneusement, le laver à l'eau ordinaire, ou à l'eau seconde s'il a déjà été peint et que ce soit nécessaire ; sur les boiseries on bouchera avec du mastic toutes les cavités et l'on couvrira les nœuds d'un encollage blanc. On attendra, avant d'appliquer la peinture, que les parties lavées soient parfaitement sèches ; cette application sera faite à la brosse, par un beau temps ; les couches seront étendues uniformément et sans empâtement. Chaque couche ne sera donnée que lorsque la précédente sera entièrement sèche.

Pour les peintures à trois couches, couleurs de pierres, marbres blancs, jaune antique, jaune de Sienne, bois d'érable, de citron ou tout autre ton analogue, la couche d'impression sera donnée en couleur de bois foncé et les deux autres dans le ton adopté pour les imitations de marbres ou de bois.

Pour les peintures en couleurs de bois unis, à trois couches, la première sera donnée en gris ardoise et les deux autres dans le ton convenu ; pour les peintures en brun Van-Dyck, couleurs marron, chocolat, ou toute autre analogue, la première couche sera aussi en gris ardoise, la deuxième en ton de bois très-foncé et la troisième dans la couleur adoptée. Quand il sera fait des bois de décors, tels que chêne, orme, palissandre, acajou ou tout autre du même genre, la première couche sera également en gris ardoise et les deux autres dans le ton voulu.

Dans les peintures imitation de bois ou marbre, quand on n'aura pas fait d'enduit, les rebouchages se feront sur la deuxième couche, et quand au contraire il y aura eu enduit c'est sur la première couche qui couvrira cet enduit que les rebouchages seront faits.

Du mesurage.

10° Il sera tenu compte des peintures au mètre carré, sans mesurer le développement des épaisseurs de bois et des moulures, mais aussi, comme compensation, sans déduire le vide des carreaux de croisées ou portes vitrées. Pour la peinture des treillis soit en fer maillé soit en bois, ainsi que pour toute espèce de grilles ou balcons, quels que soient la forme et l'écartement des barreaux, on mesurera la surface dans toute son étendue, mais le produit sera diminué d'un tiers.

Quant à la peinture des persiennes, on comptera par chaque côté une surface égale au produit des deux dimensions, augmenté d'un tiers en plus pour le développement des lames. Les plinthes, cymaises, baguettes d'angles et moulures, jusqu'à $0^m 12$ centimètres de largeur ou de développement seront payées au mètre courant.

Les ferrures, jusqu'à $0^m 30$ centimètres de longueur, seront comptées à la pièce, celles au-dessus de $0^m 30$ centimètres seront payées au mètre courant.

Les lettres et chiffres seront aussi comptés à la pièce, à des prix différents suivant leurs dimensions, et l'entrepreneur n'aura rien à réclamer pour tout ce qui concerne la ponctuation.

---

§ 3. DORURE.

Qualité de l'or, sa valeur et son titre.

L'or dont on fera usage pour toute espèce de dorure est celui que livre le commerce en feuilles battues et dont le prix, le poids et le titre sont déterminés comme il suit :

Le mille d'or vendu 100 fr.	pèsera de 16 à 19 gr.	au titre de 971 à 975	millièmes.
»	vendu 90 fr.	15 à 18 gr.	969 à 971 »
»	vendu 80 fr.	14 à 17 gr.	967 à 970 »
»	vendu 70 fr.	13 à 16 gr.	924 à 949 »
»	vendu 60 fr.	12 à 14 gr.	890 à 904 »

Application de l'or.

L'application de l'or sera faite conformément aux indications qui seront données par l'architecte. En général, pour les dorures à l'huile, avant d'appliquer les feuilles, on couvrira les parties à dorer d'une ou de plusieurs couches de mixtion composée ainsi :

On fera fondre 24 décagrammes d'ambre jaune, 6 décagrammes de mastic en larmes et 2 décagrammes de bitume dans 24 décagrammes d'huile grasse, on éclaircira ces matières avec de l'essence préparée de manière que dans l'emploi cette mixtion ne soit ni trop lente ni trop prompte à sécher, qu'elle puisse s'étendre facilement sous le pinceau et qu'elle retienne convenablement le métal.

Les feuilles d'or seront appliquées comme d'usage, avec un blaireau ou du coton bien cardé, puis, avec un pinceau à poils doux ou une patte de lièvre, on tamponnera légèrement la couche afin que l'or s'attache parfaitement à la mixtion ; ensuite, s'il y a lieu, on ramandera, c'est à dire que l'on réparera avec des parcelles de feuilles d'or les cassures ou gerçures qui se seraient faites.

Pour brunir les parties qui seront disposées pour l'être, on se servira d'un brunissoir avec lequel on appuiera fortement, en allant et venant, et en ayant soin de ne pas user l'or. On procédera d'abord par les filets carrés, pour appuyer l'or qui, quelquefois, s'élève en cloche; on fera attention que l'ouvrage ne soit pas trop sec, ce qui rendrait le bruni moins beau.

Du mesurage.

Tous les travaux de dorure, tant sur parties unies que sur parties sculptées, seront mesurés en œuvre et d'après leur surface réelle développée, sans aucune plus-value ni évaluation particulière pour le plus ou moins de difficultés à atteindre les fonds.

Pour les moulures sculptées, la surface réelle en œuvre s'obtiendra en pourtournant toutes les sinuosités de la sculpture dans le sens de la longueur ; la largeur, au contraire, sera prise en épousant seulement la forme de profil, mais sans développement des sinuosités de la sculpture. Toute partie de sculpture présentant une surface assez grande pour que la feuille d'or puisse être appliquée entière sera comptée comme partie unie.

Les travaux de dorure par petites parties donneront seuls lieu à une plus-value ; on entend par petites parties les travaux entièrement détachés et dont la surface sera inférieure à celle d'un carré ayant un décimètre de côté, ou dont la largeur moyenne n'atteindra pas trois centimètres. La plus-value pour ces parties est fixée à un dixième en plus de leur surface.

BORDEREAU DE PRIX

VITRERIE, PEINTURE ET DORURE.

NUMÉROS D'ORDRE.	INDICATIONS GÉNÉRALES.	PRIX	
		Avec fourniture de matériaux.	Sans fourniture de matériaux.
	Journées.	**Prix des Journées** du 1er Avril au 31 Octobre.	du 1er Novem. au 31 Mars.
1	La journée d'un ouvrier vitrier et peintre en bâtiment..........		
2	» d'un peintre en décors et doreur.................		

§ 1er. VITRERIE.

Matériaux.

3	Le kilogramme d'huile de lin		
4	Le pain de blanc de Bougival		
5	Le kilogramme de mastic de vitrier		
6	— de pointes de vitrier		
7	Le mètre carré de verre blanc simple, des neuf mesures du commerce, 1er choix		
8	» » » 2e choix		
9	» » » 3e choix		
10	Le mètre carré de verre cannelé		
11	— de verre mousseline à dessins transparents		
12	— » mat sur mat		

Ouvrages mis en place.

13	Le mètre carré de verre ordinaire simple, blanc, en place, 1er choix		
14	» » » 2e choix		
15	» » » 3e choix		

NUMÉROS D'ORDRE.	INDICATIONS GÉNÉRALES.	PRIX	
		Avec fourniture de matériaux.	Sans fourniture de matériaux.
16	Le mètre carré de verre demi-double, de choix, dans les 9 mesures du comm. —		
17	— de verre double, » » —		
18	— de vieux verre ——————		
19	Le mètre courant de filet de mastic, pour réparations sur vitres de croisées —		
20	» » sur châssis de toits ——		
21	Le mètre carré de verre dépoli ——————		
22	— de verre mousseline, à dessins transparents ———		
23	— » mat sur mat ———		
24	— de verre cannelé ——————		
25	— de verre blanc, posé sur blomb, compris soudure, liens, etc. —		
26	Chaque attache en plomb, pour tenir les carreaux posés sur châssis à tabatière —		
27	Le mètre carré de dépolissage de verre —————		
28	Chaque carreau nettoyé sur les deux faces ————		
29	Le mètre carré de verre de couleur, posé sans sujétion ———		
30	— » variées, posé sur plomb, pour vitreaux —		

§ 2. PEINTURE.

Matériaux.

NUMÉROS D'ORDRE.	INDICATIONS GÉNÉRALES.	PRIX	
31	Le kilogramme d'essence de térébenthine —————		
32	— d'huile de lin épurée —————		
33	— d'huile d'œillette, dite blanche ————		
34	— d'huile cuite (siccatif) ————		
35	— de mastic ordinaire détrempé à l'huile ———		
36	— de mastic au blanc de céruse pur ou au blanc de zinc ———		
37	Le pain de blanc de Bougival ————		
38	Le paquet de bronze, en poudre n° 1 ———		
39	— en poudre n° 2 ———		
40	— en poudre n° 3 ———		
41	Le kilogramme de cire jaune ————		
42	— de colle de peau de lapin ———		
43	— de colle de pâte ————		
44	— de colle de parchemin ————		
45	Le litre d'encaustique ————		
46	Le kilogramme de litharge ————		

NUMÉROS D'ORDRE.	INDICATIONS GÉNÉRALES.	PRIX	
		Avec fourniture de matériaux.	Sans fourniture de matériaux.
47	Le kilogramme de minium en poudre		
48	— de vernis gras pour décors, n° 1		
49	— » n° 2		
50	— » n° 3		

Travaux préparatoires.

51	Le kilogramme de mastic employé pour boucher les joints et gerçures		
52	Le mètre carré de grattage, et brûlage à l'essence d'anciennes peintures		
53	— d'enduit ordinaire en mastic à l'huile		
54	— d'enduit très-soigné, par ordre exprès		
55	— de grattage ou lavage à l'eau ordinaire d'anciennes peintures		
56	— » à l'eau seconde »		
57	— de rebouchage en mastic à l'huile		
58	— » en mastic à la colle		
59	— de ponçage		
60	— d'encollage à une couche		

Parquets et carreaux mis en couleur.

61	Le mètre carré de siccatif brillant, à deux couches		
62	— d'encaustique frotté, teinté ou non		

Peintures.

63	Le mètre carré de peinture au minium (ou oxyde de zinc), par chaque couche		
64	— de peinture à la colle, à une couche		
65	— » à deux couches		
66	— » à trois couches		
67	Le mètre carré de peinture à l'huile, à une couche soignée		
68	— » à deux couches »		
69	— » à trois couches »		
70	Plus-value par couche de rechampissage en plus, pour les peintures à la colle ou à l'huile		
71	Le mètre carré d'huile bouillante appliquée sur bois ou sur murs, à une couche		
72	— » chaque couche en sus de la première		
73	— de peinture imitation de bois, marbre ou bronze (à trois couches de fond et verni)		
74	Le mètre carré de granit jaspé ou chiqueté, par chaque ton de jetée		
75	— de pierres feintes, sur fond à l'huile ou à la colle, avec frottis pour imiter les nuances de la pierre ; façon de décors et fourniture de couleur, non compris les couches de fond et les filets		

NUMÉROS D'ORDRE.	INDICATIONS GÉNÉRALES.	PRIX	
		Avec fourniture de matériaux.	Sans fourniture de matériaux.
76	Le mètre courant de plinthes et cymaises de 0^m 10 à 0^m 12 de largeur : peintes en ton uni, à la colle, à une couche		
77	— » à deux couches		
78	— » à trois couches		
79	Le mètre courant des mêmes peintures, à l'huile, à une couche		
80	— » à deux couches		
81	— » à trois couches		
82	La plus-value par mètre courant des mêmes peintures, en faux-bois ou marbre, sera payée moitié en sus des prix précédents		
83	Le mètre courant de filets simples, peints à la colle		
84	— peints à l'huile		
	NOTA.— Dans les moulures peintes, comprenant plusieurs filets, chacun d'eux sera compté comme filet simple.		
85	Le mètre courant de galon et filet étrusque, jusqu'à 0^m 04 de largeur		
86	— » jusqu'à 0^m 08 »		
87	Ferrure à la pièce, jusqu'à 0^m 30 de longueur, en noir au vernis		
88	— » en vert »		
89	— » bronzée à effet		
90	Ferrure au mètre courant, au-dessus de 0^m 30 de longueur, en minium		
91	— » en noir au vernis —		
92	— » en vert »		
93	— » bronzée à effet —		
94	Chaque lettre ou chiffre, de 0^m 03 à 0^m 09		
95	— de 0^m 10 à 0^m 15		
96	— de 0^m 16 à 0^m 20		
97	Le centimètre de hauteur, par chaque lettre ayant plus de 0^m 20		
98	Chaque lettre ou chiffre ombré, spallé, deux couches, moitié en sus des prix précédents		
99	Le centimètre de lettre de toutes couleurs, en relief		
100	Le centimètre de lettre en or, de 0^m 03 à 0^m 15		
101	— de 0^m 16 à 0^m 31		
102	— de 0^m 32 à 0^m 48		
103	Chaque lettre dorée et ombrée, un tiers en sus des prix précédents.		
104	Le centimètre de lettre bronzée, ombrée et éclairée		
105	— » » repiquée		
106	— » » enlevée d'épaisseur —		
	Vernis.		
107	Le mètre carré de vernis n° 1, à une couche		
108	— » à deux couches		

NUMÉROS D'ORDRE.	INDICATIONS GÉNÉRALES.	PRIX	
		Avec fourniture de matériaux.	Sans fourniture de matériaux.
109	Le mètre carré de vernis n° 2, à une couche		
110	— » à deux couches		
111	— de vernis n° 3, à une couche		
112	— » à deux couches		

§ 3. DORURE.

Matériaux.

NUMÉROS D'ORDRE.	INDICATIONS GÉNÉRALES.	PRIX	
113	Le kilogramme de colle double de doreur		
114	— de couleur détrempée à l'huile		
115	— d'esprit de vin		
116	— de mixtion détrempée		
117	Les mille feuilles d'or fin, de 87 $^{m/m}$ carrés, au titre de 900 millièmes		
118	Plus ou moins value par chaque millième de titre en plus ou en moins		
119	Le litre de vernis gomme laque, pour doreur		
120	Le kilogramme de vermillon de France, broyé à l'huile		

Dorure à l'huile sur parties unies.

(TRAVAUX PRÉPARATOIRES.)

NUMÉROS D'ORDRE.	INDICATIONS GÉNÉRALES.	PRIX	
121	Le mètre carré d'époussetage		
122	— d'encollage en plein, par chaque couche		
123	— de couche d'huile, en rechampissage sur les parties à dorer		
124	— de couche de teinte dure, » »		
125	— de rebouchage à l'huile		
126	— de rebouchage à la colle		
127	— de ponçage au papier de verre		
128	— de chaque couche de blanc à la colle double		
129	— de blanc en rechampissage sur les parties à dorer		
130	— de couche de mixtion		

(DORURE.)

NUMÉROS D'ORDRE.	INDICATIONS GÉNÉRALES.	PRIX	
131	Le mètre carré de dorure en or fin, au titre de 900 millièmes		
132	Plus ou moins value, par chaque millième de titre en plus ou en moins, par mètre carré		

NUMÉROS D'ORDRE.	INDICATIONS GÉNÉRALES.	PRIX	
		Avec fourniture de matériaux.	Sans fourniture de matériaux.
	Dorure à l'huile sur parties sculptées.		
	(TRAVAUX PRÉPARATOIRES.)		
133	Le mètre carré d'époussetage		
134	— d'encollage en plein		
135	— de couche de rechampissage sur parties à dorer		
136	— de couche de teinte dure, »		
137	— de rebouchage à l'huile		
138	— » à la colle		
139	— de réparage ordinaire		
140	— de ponçage au papier de verre		
141	— de couche de blanc à la colle double		
142	— » en rechampissage sur parties à dorer		
143	— de couche de mixtion		
	(DORURE.)		
144	Le mètre carré de dorure en or fin, au titre de 900 millièmes		
145	Plus ou moins value par chaque millième de titre en plus ou en moins, par mètre carré		
146	Le mètre carré de ramandage		
147	— de matage		
148	— de dorure unie lavée à l'eau mitigée		
149	— » sur parties sculptées		

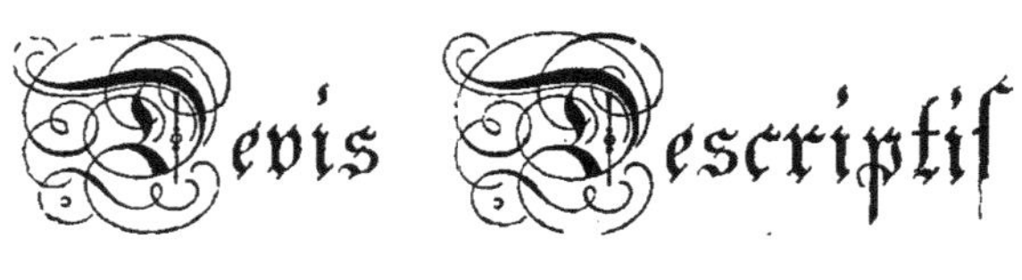

TAPISSERIE.

NATURE DES OUVRAGES ET QUALITÉ DES MATÉRIAUX.

De la toile.

La toile destinée à recevoir le papier de tenture sera choisie suivant la nature des ouvrages et l'espèce en sera indiquée par l'architecte ; les divers lés devront être cousus ensemble et fortement et uniformément tendus sur les tringles.

Dessous des tentures.

Partout où il sera ordonné, on collera sur les toiles un premier papier gris dont on aura soin de faire recouvrir les lés de deux ou trois centimètres.

De la colle et des clous.

La colle devra être faite avec de l'eau et des farines communes ; elle sera cuite convenablement pour lui donner la consistance nécessaire.

Les clous pour fixer la toile seront ceux dits *clous demi-livre allongés.*

Des papiers peints.

Les papiers, avant leur emploi, seront d'abord soumis à l'acceptation ; le choix en sera fait par le propriétaire et le prix en sera arrêté à l'avance entre lui et l'entrepreneur.

En général, les dimensions ordinaires des rouleaux de papiers de tenture sont de 8 mètres de longueur sur 0^m 50 de largeur.

Les lambris auront 8^m de longueur sur 0^m 55 à 0^m 70 de largeur.
Les stylobates » 8^m » 0^m 25 à 0^m 27 »
Les petits marbres » 8^m » 0^m 50 »

De la pose.

Tous les papiers seront ébarbés avant la pose, puis collés et tendus avec soin et propreté, de manière à ne présenter ni tache ni ride ; les papiers de tentures mal posés seront enlevés et remplacés aux frais de l'entrepreneur.

Du marouflage.

Pour les tapisseries posées sur toile, et particulièrement pour celles appliquées sur les plafonds, la toile, après avoir été fortement tendue, sera encollée à la colle chaude et à deux fois, c'est-à-dire que la première fois on encollera sur le milieu des lés seulement, et la seconde fois, lors de la pose du papier, l'encollage sera fait sur toute la surface, avec la colle ordinaire.

Du mesurage.

La fourniture et la pose de la toile et du papier de fond seront comptées au mètre carré, d'après les dimensions réelles des appartements, et sans avoir égard au déchet ; la pose des tentures en papiers peints sera aussi comptée au mètre carré, calculé sur les dimensions des surfaces revêtues. Les bordures se paieront au mètre courant, suivant leur développement.

Si l'on jugeait convenable de fournir le papier, l'entrepreneur serait tenu d'en effectuer la pose au prix fixé par le bordereau pour cette main-d'œuvre.

BORDEREAU DE PRIX

TAPISSERIE.

NUMÉROS D'ORDRE.	INDICATIONS GÉNÉRALES.	PRIX	
		Avec fourniture de matériaux.	Sans fourniture de matériaux
	Journées.	Prix des Journées	
		du 1er Avril au 31 Octobre.	du 1er Novem. au 31 Mars.
1	La journée d'un ouvrier tapissier colleur..................		
	Matériaux et main-d'œuvre.		
2	Le mètre courant de toile de lin légère, dite du Mans, de 1^m de largeur		
3	— de toile de chanvre forte, dite de Paris, de 1^{m}10		
4	— de toile forte et serrée en lin, dite d'Amiens, de 1^{m}20		
5	Le rouleau de papier gris, de 8^m de long sur 0^{m}50 : première qualité		
6	— deuxième qualité		
7	Le rouleau de papier bleu, mêmes dimensions, pour armoires : première qualité		
8	— deuxième qualité		
9	Le mètre carré de toile de lin légère, compris fourniture, assemblage et pose		
10	— de toile de chanvre, » »		
11	— de toile de lin très-forte, » »		
12	— de vieille toile détendue, grattée et retendue		
13	— de marouflage de toile à la colle chaude, compris fourniture		
14	— de collage de papier de tenture		
15	Le mètre courant de collage de papier pour bordure		
16	— de découpage de bordure, d'un côté		
17	— » des deux côtés		

NUMÉROS D'ORDRE.	INDICATIONS GÉNÉRALES.	PRIX	
		Avec fourniture de matériaux.	Sans fourniture de matériaux.
18	Le mètre courant de bandes en zinc fort, fournies et posées ——————		
19	— » en vieux zinc, pour déplacement et replacement —		
20	— de toile fournie et posée pour charnière ——————		

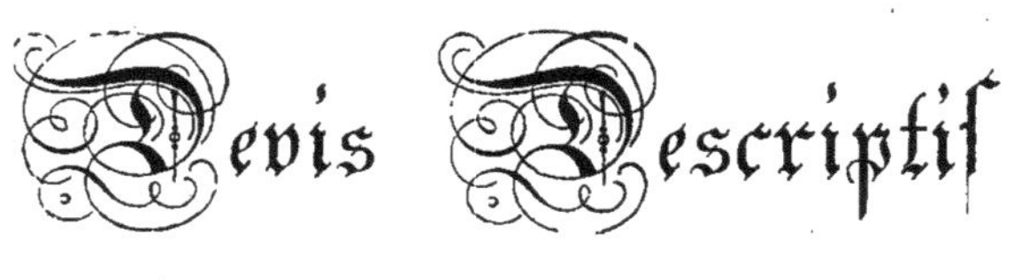

PLATRERIE.

NATURE DES OUVRAGES ET QUALITÉ DES MATÉRIAUX.

Du plâtre.

Le plâtre dont on fera usage sera de la meilleure qualité ; il devra être suffisamment cuit, sans néanmoins l'être trop ; réduit en poudre, on aura soin qu'il soit ni sec ni aride ; au toucher il devra présenter une certaine onctuosité. Le plâtre vieux et éventé sera rebuté. Le plâtre gris sera passé au grêlot et le blanc au tamis de soie.

Des lattes.

Les lattes devront être en bois très-sec et de l'espèce désignée au bordereau ; elles auront de 2 à 3 mètres de longueur sur 2 à 3 centimètres de largeur et 10 millimètres d'épaisseur ; elles seront solidement fixées sur chaque solive, au moyen de pointes ou clous en fer doux de 25 millimètres de longueur.

Des cloisons.

Les cloisons seront faites en briques, bien maçonnées avec du plâtre gâché ferme, et auquel on pourra mêler un cinquième de chaux éteinte.

La couche de plâtre ou d'enduit dont on couvrira les cloisons, ne sera appliquée que quand le plâtre gris des joints sera presque sec.

Des plafonds.

Pour la construction des plafonds les lattes seront espacées de 10 à 15 millimètres, afin de bien laisser pénétrer le plâtre dans les vides.

Les plafonds seront rembourés à différentes fois en plâtre gris, et parfaitement dressés sur près de deux centimètres d'épaisseur. La couche de plâtre blanc ne sera appliquée qu'après le parfait assèchement du premier enduit.

Des enduits.

Avant de faire des enduits sur mur quelconque, le mortier tendant à se séparer sera détaché à la pointe du marteau, le parement sera ensuite fortement balayé et aspergé d'eau. Afin de mieux fixer le plâtre sur pierres de taille ou sur bois, les enduits seront toujours précédés d'un piquage ; la première couche sera faite en plâtre gris avec mélange de chaux, suivant les indications ci-dessus, et la seconde en plâtre blanc.

Pour tous les ouvrages où il sera employé, le plâtre blanc devra être gâché avec soin, sans être noyé, de manière enfin à obtenir une extrême blancheur sans nuire à la solidité.

Des réparations.

Pour réparer les lézardes des plafonds, les parties fendues seront ouvertes jusqu'à la latte, sur 5 à 10 centimètres de largeur, et l'on remplira ces ouvertures en plâtre gris qu'on fera souffler dans les joints, pour bien le lier aux parties vieilles. Lorsque le plâtre gris sera entièrement sec, on achèvera la réparation en appliquant l'enduit blanc. Les plafonds ou cloisons qui auront besoin d'être reblanchis seront piqués légèrement et grattés avec la truelle avant d'être recouverts.

Des corniches.

L'entrepreneur sera tenu d'exécuter les ouvrages des corniches ou d'ornementations suivant les profils qui lui seront donnés ; lorsque les corniches auront de grandes dimensions, les corps en seront formés avec des briques et tuileaux.

Du mesurage.

Les ouvrages de plâtrerie seront, pour la plupart, comptés au mètre carré, en déduisant les vides ; les lézardes réparées et les corniches seront payées au mètre linéaire, en mesurant le développement de ces dernières sur le nu du mur, sans avoir égard aux angles rentrants ou sortants pour lesquels il ne sera rien alloué.

BORDEREAU DE PRIX

PLATRERIE.

NUMÉROS D'ORDRE.	INDICATIONS GÉNÉRALES.	PRIX	
		Avec fourniture de matériaux.	Sans fourniture de matériaux.
	Journées.		
		Prix des Journées	
		du 1er Avril au 31 Octobre.	du 1er Novem. au 31 Mars.
1	La journée d'un ouvrier plâtrier......................		
	§ 1er. *Matériaux.*		
2	Le cent de briques simples , . ayant		
3	— briques doubles, ayant		
4	Les cent kilos de plâtre gris , en poudre		
5	— de plâtre blanc, »		
6	Les cent mètres courants de lattes en chêne, ayant 0^m 035 sur 0^m 010		
7	— de lattes en sapin , » »		
8	— de lattes en peuplier, » »		
9	Le cent de carreaux réfractaires pour intérieurs de cheminées :		
	de 0^m 33 sur 0^m 33 et 0^m 05 d'épaisseur		
10	» » et 0^m 03 »		
	§ 2. *Cloisons.*		
11	Le mètre carré de cloisons, en briques simples, posées de champ avec plâtre gris , enduits non compris. briques, à		
	6^k plâtre, à		
	Façon		
12	Plus ou moins value par chaque centimètre d'épaisseur de briques en plus ou en moins		
13	Le mètre carré d'enduit de cloisons, pour chaque côté :		
	8^k plâtre, à		
	Façon		

NUMÉROS D'ORDRE.	INDICATIONS GÉNÉRALES.	PRIX	
		Avec fourniture de matériaux.	Sans fourniture de matériaux.

§ 3. *Plafonds.*

14 — Le mètre carré de plafond sur lattes de chêne, sans solives de remplissage :

    lattes, à ______

    clous ______

    24^k plâtre gris ______

    2^k plâtre blanc ______

    Façon ______

15 — Le mètre carré de plafond sur lattes de sapin :

    lattes, à ______

    clous, plâtre et façon ______

16 — — de plafond sur lattes de peuplier :

    lattes, à ______

    clous, plâtre et façon ______

17 — — de plafond repiqué et enduit en plâtre, à une couche :

    8^k plâtre, à ______

    Façon ______

18 — — — et enduit en plâtre, à deux couches :

    10^k plâtre, à ______

    Façon ______

§ 4. *Corniches, baguettes et cadres.*

19 — Le mètre carré de corniches et moulures, mesurées suivant la saillie ou largeur du profil :

    80^k plâtre, à ______

    briques et tuileaux ______

    Façon ______

20 — Le mètre courant de corniches réparées et enduites, 1/3 du prix précédent ______

§ 5. *Enduits sur murs.*

21 — Le mètre carré d'enduit à une couche, sur murs en moëllons :

    10^k plâtre, à ______

    Façon ______

22 — — d'enduit à deux couches :

    12^k plâtre, à ______

    Façon ______

NUMÉROS D'ORDRE.	INDICATIONS GÉNÉRALES.	PRIX	
		Avec fourniture de matériaux.	Sans fourniture de matériaux.
	§ 6. *Réparations.*		
23	Le mètre courant de lézardes ouvertes et rebouchées en plâtre gris :		
	plâtre, à		
	Façon		
	§ 7. *Objets divers.*		
24	Pose d'une cheminée simple, en marbre		
25	— à consoles et ornements		
26	Chaque crampon pour scellement sera payé à part		
27	Chaque intérieur de cheminée Rumfort, et double tablier :		
	30 briques, à		
	4 carreaux réfractaires, à		
	Façon		
28	Le kilogramme de fonte pour plaque de cheminée		
29	Chaque cul de lampe de $0^m 15$ à $0^m 20$ de diamètre		
30	— de $0^m 20$ à $0^m 30$ »		
31	— au-dessus de $0^m 30$ » prix suivant le dessin —		
32	Chaque angle ou motif d'ornement, »		

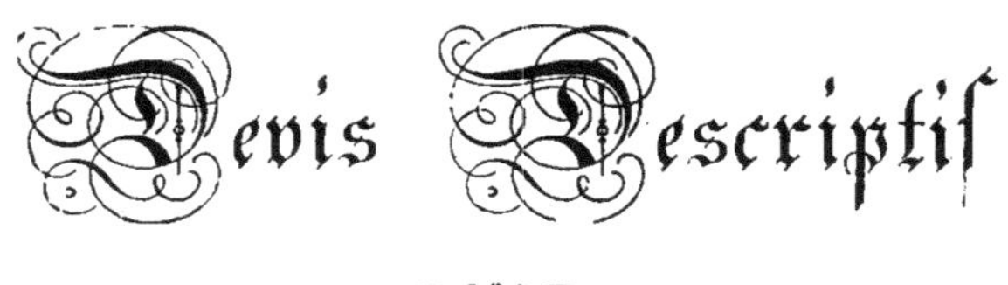

FERBLANTERIE ET PLOMBERIE.

NATURE DES OUVRAGES ET QUALITÉ DES MATÉRIAUX.

Du fer-blanc.

L'entrepreneur sera tenu de fournir des fers-blancs de première qualité, sans pailles ni gerçures et bien étamés ; ils seront brillants ou ternes, selon la nature des ouvrages ou la préférence que l'on accordera à l'une ou à l'autre espèce.

Les feuilles de fer-blanc, dans toutes leur soudures, auront un recouvrement de 15 millimètres au moins; elles seront superposées de manière à empêcher l'eau de séjourner sur le joint ; pour cela les feuilles supérieures déborderont toujours les inférieures du côté exposé à la pluie ; lorsqu'un ourlet sera pratiqué sur les rebords on comprendra son développement dans le mesurage.

Les dalles, tuyaux de descente, cuvettes et autres ouvrages seront exécutés comme il sera prescrit par l'architecte ; ils seront couverts de deux couches de peinture à l'huile, à l'intérieur et à l'extérieur, et il en sera de même des crochets et supports en fer qui serviront à fixer lesdits ouvrages.

Tous les travaux de ferblanterie seront payés au mètre carré, toutes façons, mises en place et peinture à deux couches comprises, à l'exception des crochets et supports qui seront payés à part.

Du zinc.

Le zinc dont on fera usage pour les chenaux, tuyaux de descente et autres ouvrages, aura l'épaisseur qui sera prescrite par l'architecte selon la nature des travaux et conformément aux classifications du commerce.

Les chenaux et tuyaux en zinc seront cintrés et contournés avec soin en les faisant légèrement chauffer au besoin.

Si le zinc était employé pour couverture de bâtiment, cette couverture serait établie suivant les prescriptions de l'architecte.

Les feuilles seront soudées à recouvrement de 15 millimètres.

Tous les ouvrages en zinc seront payés au mètre carré, façons et mises en place comprises, à l'exception des supports et crochets qui seront comptés à part.

Du plomb.

Le plomb sera noir et de la meilleure qualité, sans gerçures, crevasses ni aspérités ; il sera de l'espèce la plus belle et la plus coulante ; on l'emploiera laminé ou coulé en nappes ou tuyaux d'une épaisseur uniforme et qui sera indiquée suivant la nature des ouvrages.

Partout où le plomb sera employé et afin de diminuer les soudures, les nappes ou tuyaux seront des plus grandes longueurs.

On donnera aux ouvrages les dimensions et les formes qui seront prescrites par l'architecte.

Pour les ouvrages neufs, on pèsera ensemble toutes les parties soudées, mais il ne sera tenu aucun compte de la soudure employée pour la pose, attendu que la valeur en est déjà comprise dans les prix du Bordereau.

Les soudures seront faites avec beaucoup de soin et de manière à boucher tous les vides.

Les clous, pattes ou autres fers servant à fixer les plombs seront payés séparément.

Les ferrures seront couvertes par des chapes de plomb soudées ; ces chapes seront comptées et pesées avec les ouvrages dont elles feront partie.

L'entrepreneur sera tenu d'employer les vieux plombs qui lui seront fournis ; s'ils peuvent être employés sans être refondus, il ne lui sera tenu compte que de la façon et de la pose ; si au contraire ils doivent être refondus, ils seront livrés à l'entrepreneur aux prix indiqués au Bordereau, avec une réduction de 5 p. 0/0 de déchet.

De la soudure.

La soudure sera de deux espèces :

Celle sur plomb sera composée d'une partie d'étain fin et de trois parties de plomb.

Celle sur fer-blanc, zinc et cuivre, se composera de moitié étain fin et moitié plomb.

La soudure qui resterait en fusion pendant plus de douze heures sera alimentée d'environ un dixième d'étain pur, afin de remplacer la portion de ce métal volatiés par le feu.

Du cuivre.

On fera usage de cuivre rouge pur ou de cuivre mélangé de zinc ou d'étain, suivant ce qui sera prescrit.

Tous les ouvrages seront exécutés avec soin et d'après les dimensions qui seront données. L'entrepreneur en sera payé au kilogramme.

De la tôle.

La tôle sera unie, sans paille, d'épaisseur uniforme, et de la meilleure qualité que livre le commerce ; elle sera clouée solidement à rivets et avec recouvrement, ou agraffée et même brasée quand il sera nécessaire. Ces ouvrages seront payés au kilogramme, toutes façons et fournitures comprises.

BORDEREAU DE PRIX

FERBLANTERIE ET PLOMBERIE.

NUMÉROS D'ORDRE.	INDICATIONS GÉNÉRALES.	PRIX Avec fourniture de matériaux.	PRIX Sans fourniture de matériaux.
	Journées.		
1	La journée d'un ouvrier ferblantier		
	§ 1er. ***Matériaux.***		
2	Le kilogramme de tôle douce, de 0^m 001 d'épaisseur et au-dessus ———		
3	La feuille de fer-blanc brillant, marque XB, de 225 à la caisse, ayant 0^m 35 sur 0^m 25 1/2 de largeur, pesant environ 34 décagrammes ———		
4	Le mètre carré de ce même fer-blanc ———		
5	La feuille de fer-blanc terne, marque XT, de 125 à la caisse, ayant 0^m 32 1/2 sur 0^m 24 1/2 de largeur, pesant environ 30 décagrammes ———		
6	Le mètre carré de ce même fer-blanc ———		
7	La feuille de fer-blanc terne, marque XT, de 50 à la caisse, ayant 1^m 00 sur 0^m 33 de largeur, pesant environ 1 kilo 200 ———		
8	Le mètre carré de ce même fer-blanc ———		
9	La feuille de fer-blanc terne, marque XT, de 50 à la caisse, ayant 1^m 00 sur 0^m 25 de largeur ———		
10	Le mètre carré de même fer-blanc ———		
11	Le kilogramme de zinc laminé, pour tous les numéros ———		
12	Le mètre carré de zinc n° 10, pesant 3 kilos 450———		
13	— de zinc n° 11 » 4 kilos 050———		
14	— de zinc n° 12 » 4 kilos 650———		
15	— de zinc n° 13 » 5 kilos 300———		
16	— de zinc n° 14 » 5 kilos 950———		
17	— de zinc n° 15 » 6 kilos 550———		

NUMÉROS D'ORDRE.	INDICATIONS GÉNÉRALES.	PRIX	
		Avec fourniture de matériaux.	Sans fourniture de matériaux.
18	Le mètre carré de zinc n° 16 , pesant 7 kilos 500		
19	— de zinc n° 17 » 8 kilos 450		
20	— de zinc n° 18 » 9 kilos 350		
21	— de zinc n° 19 » 10 kilos 300		
22	— de zinc n° 20 » 11 kilos 250		
23	— de zinc n° 21 » 12 kilos 500		
24	— de zinc n° 22 » 13 kilos 750		
25	— de zinc n° 23 » 15 kilos »		
26	— de zinc n° 24 » 16 kilos 250		
27	— de zinc n° 25 » 17 kilos 500		
28	Le kilogramme de plomb neuf , laminé en tables ou tuyaux		
29	Le kilogramme d'étain fin (pour fixer le prix de la soudure)		
30	Le kilogramme de soudure pour blomb		
31	— — pour fer-blanc , zinc ou cuivre		
32	Par chaque kilogramme de soudure qui sera employé pour réparation , il sera payé pour main-d'œuvre / — pour charbon		
33	— de cuivre façonné , pour chaudières , pompes , robinets , etc.		
34	— de vieux plomb remis à l'entrepreneur, avec une déduction de 5 p. 0/0 de déchet		
35	— de vieux plomb remis en œuvre , compris soudure		
36	— — — sans soudure		

§ 2. *Ferblanterie*,

Dalles, tuyaux, noues, curettes et entonnoirs.

NUMÉROS D'ORDRE.	INDICATIONS GÉNÉRALES.	PRIX	
		Avec fourniture de matériaux.	Sans fourniture de matériaux.
37	Le mètre carré de dalles , tuyaux , etc., en fer-blanc de 0^m 35 sur 0^m 25 1/2 : 1^m 15 de fer-blanc , à / 0^k 500 de soudure , à / charbon , façon et pose		
38	Le mètre carré des mêmes ouvrages , en fer-blanc de 0^m 32 1/2 sur 0^m 24 1/2 : 1^m 15 de fer-blanc , à / 0^k 500 de soudure , à / charbon , façon et pose		
39	Le mètre carré des mêmes ouvrages , en fer-blanc de 1^m 00 sur 0^m 33 : 1^m 10 de fer blanc , à / 0^k 300 de soudure , à / charbon , façon et pose		

NUMÉROS D'ORDRE.	INDICATIONS GÉNÉRALES.	PRIX	
		Avec fourniture de matériaux.	Sans fourniture de matériaux.

40	Le mètre carré des mêmes ouvrages, en fer-blanc de 1^m 00 sur 0^m 25 :		
	$\qquad$ 1^m 10 de fer-blanc, à ———		
	$\qquad$ 0^k 300 de soudure, à ———		
	$\qquad$ charbon, façon et pose ———		

§ 3. Zinc.

41	Le mètre carré de dalles, tuyaux, etc., en zinc n° 12 :		
	$\qquad$ 5^k 10 de zinc, compris déchet, à ———		
	$\qquad$ 0^k 300 de soudure, à ———		
	$\qquad$ charbon, façon et pose ———		
42	Le mètre carré d'ouvrages en zinc n° 14, pour revêtissement et couverture :		
	$\qquad$ 6^k 54 de zinc, à ———		
	$\qquad$ 0^k 200 de soudure, à ———		
	$\qquad$ charbon, façon et pose ———		
43	Le mètre carré des mêmes ouvrages, en zinc de tous les numéros, sera payé aux mêmes prix, suivant le poids du mètre carré.		

§ 4. Plomb.

44	Le kilogramme de plomb, pour cuvettes, noues, tuyaux, etc. :		
	$\qquad$ 1^k 00 de plomb, à ———		
	$\qquad$ 0^k 300 de soudure, à ———		
	$\qquad$ charbon, façon et pose ———		

§ 5. Cuivre.

45	Le kilogramme de cuivre rouge, pour bassins, chaudières, pompes, etc. :		
	$\qquad$ 1^k 00 de cuivre, à ———		
	$\qquad$ façon, pose et soudure ———		
46	Le kilogramme de cuivre jaune, pour les mêmes ouvrages :		
	$\qquad$ 1^k 00 de cuivre, à ———		
	$\qquad$ façon, pose et soudure ———		

§ 6. Tôles et fils de fer.

47	Le kilogramme de tôle douce, de 0^m 004 d'épaisseur et au-dessus, pour tous ouvrages confondus :		
	$\qquad$ 1^k 100 de tôle, à ———		
	$\qquad$ façon et bénéfice ———		
48	Le kilogramme de fils de fer de toutes grosseurs ———		

NUMÉROS D'ORDRE.	INDICATIONS GÉNÉRALES.	PRIX	
		Avec fourniture de matériaux.	Sans fourniture de matériaux.

§ 7. *Objets divers.*

49	Chaque crochet pour gouttières :		
	de 0ᵐ 25		
	de 0ᵐ 33		
50	Pose d'un vieux crochet, compris fil de fer et clous :		
	de 0ᵐ 25		
	de 0ᵐ 33		
51	Chaque collier de 0ᵐ 08		
52	— de 0ᵐ 11		
53	Pose d'un vieux collier		
54	Le mètre carré de peinture sur vieilles dalles ou sur tuyaux :		
	à une couche		
	à deux couches		
55	Le mètre courant de soudure pour joints d'ouvrages en réparation, sur fer-blanc ou sur zinc		

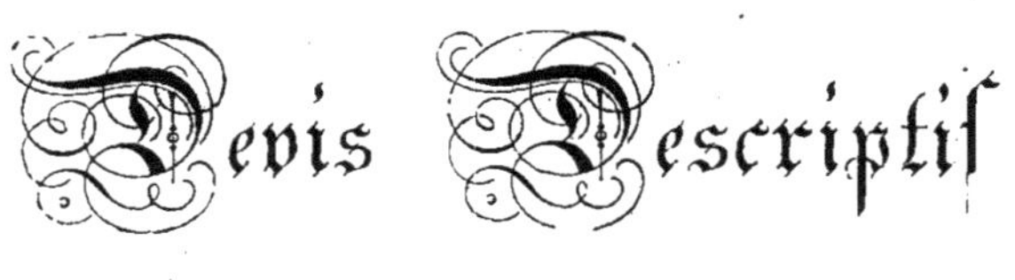

PAVAGE.

NATURE DES OUVRAGES ET QUALITÉ DES MATÉRIAUX.

Du sable et de la terre.

Le sable, dont on se servira pour faire des formes de pavés sera le plus gros possible et non terreux. Lorsque la terre sera employée au même usage on aura soin de la faire passer au travers d'une claie serrée.

Des cailloux.

Les cailloux seront d'une grosseur uniforme et ils auront au moins 16 centimètres de queue.

Des moëllons.

Des pavages pourront aussi être faits en moëllons ordinaires ; ceux dont on fera usage auront d'ailleurs les qualités indiquées au bordereau et ils seront dégrossis au marteau têtu ou smillés.

Des pavés.

Les pavés devront être choisis dans les lits où la pierre est dure et pleine ; ils seront taillés d'échantillon à la pointe du marteau et auront au moins 20 centimètres de queue. Les pavés gelifs seront rebutés.

Fouilles et préparation du terrain.

Avant de paver un lieu quelconque on fera un déblai général dans toute l'étendue, jusqu'à 20 centimètres en contre-bas de la ligne fixée pour le dessous du pavé.

Le terrain sera nivelé et affermi pour prévenir les tassements inégaux.

Les matériaux trouvés dans les fouilles appartiendront au propriétaire ; ils seront transportés et emmètrés aux lieux qu'on indiquera.

De la pose des pavés et cailloux.

Lorsque le sol aura été convenablement préparé, on répandra sur toute la surface une couche de terre ou de sable d'une épaisseur indiquée au bordereau. Les pavés seront posés soigneusement, en ayant l'attention de les rapprocher le plus près possible et de les mettre dans la position qui, suivant leur forme, présentera plus de solidité. Après avoir bien rempli les joints, les pavés seront battus jusqu'à refus et l'opération sera terminée par le régalement, sur tout le pavage, d'une couche de sable de 3 centimètres d'épaisseur.

Pavages en moëllons ou pavés smillés.

Les pavés faits en moëllons ou pavés smillés auront leurs joints taillés d'équerre au parement, sans aucun démaigrissement ; ils seront assortis suivant les échantillons et devront former une suite de rangs réguliers et parallèles à la direction qui sera indiquée. Les pavés, posés à bain de mortier, seront bien callés, coulés, fichés et jointoyés convenablement.

Carrelage en pierres de taille.

Les dalles en pierres de taille auront 28 à 40 centimètres de largeur sur 10 centimètres d'épaisseur ; elles seront en pierres dures, les faces proprement taillées et d'équerre ; on les posera par rangs réguliers et paralèles, sur bonne forme de mortier ; elles seront coulées, fichées et jointoyées avec soin.

Carrelage en granit.

Les dalles en granit seront de première qualité ; elles auront les dimensions qui seront demandées, sur 10 centimètres d'épaisseur ; on les posera de la même manière que celles en pierres de taille.

Dallage en asphalte.

Pour les dallages ou aires en asphalte, on fera usage d'une matière composée de deux parties en poids de mastic bitumeux et d'une partie de gravier le plus siliceux possible ; le tout, après avoir été fortement chauffé et bien mélangé, sera coulé sur le terrain qui aura été préparé à cet effet.

Si le besoin l'exige, l'asphalte sera coulé sur un lit de chape en béton, préparé suivant les indications qui seront fournies.

Du mesurage.

Il sera tenu compte des ouvrages précédents au mètre carré, sans avoir égard au déchet résultant des formes courbes ou angulaires.

BORDEREAU DE PRIX

PAVAGE.

NUMÉROS D'ORDRE.	INDICATIONS GÉNÉRALES.	PRIX ÉLÉMENTAIRES.	PRIX TOTAUX.
	Journées.		
1	La journée d'un ouvrier paveur........................		
2	La journée d'un fort manœuvre........................		
	§ 1er. *Matériaux rendus à pied-d'œuvre.*		
3	Le mètre cube de terre, prise sur le chantier dans les déblais et passée à la claie		
4	— de sable, provenant		
5	— »		
6	— de gravier, provenant		
7	Le mètre carré de cailloux bruts siliceux		
8	— de moëllons grossièrement smillés		
9	— » proprement smillés		
10	— de pavés grossièrement smillés, provenant		
11	— » » »		
12	— » » »		
13	Le mètre carré de pavés proprement smillés, provenant		
14	— » »		
15	— » »		
16	Le mètre carré de dalles en pierres grossièrement smillées, provenant		
17	— de mêmes dalles, en pierres proprement taillées		
18	Le mètre cube de mortier avec sable et chaux hydraulique		

Dans le tableau, la colonne « Prix des Journées » se subdivise en « du 1er Avril au 31 Octobre. » et « du 1er Novem au 31 Mars. » en regard des lignes 1 et 2.

NUMÉROS D'ORDRE.	INDICATIONS GÉNÉRALES.	PRIX ÉLÉMENTAIRES.	PRIX TOTAUX.
19	Le mètre cube de pierres de taille, provenant		
20	— » »		
21	Le mètre cube de pierres de taille dures, pour bordures, dalles ou autres ouvrages, provenant		
22	— de moëllons bruts, provenant		
23	— de pierres calcaires cassées, pour chaussées		
24	— de cailloux siliceux, cassés, »		

§ 2. *Cassage de pierres.*

NUMÉROS D'ORDRE.	INDICATIONS GÉNÉRALES.	PRIX ÉLÉMENTAIRES.	PRIX TOTAUX.
25	Le mètre cube de cassage et emmètrage de pierres calcaires		
26	— » » de cailloux siliceux		

§ 3. *Terrassement et démolition.*

NUMÉROS D'ORDRE.	INDICATIONS GÉNÉRALES.	PRIX ÉLÉMENTAIRES.	PRIX TOTAUX.
27	Le mètre cube de déblais de terre mêlée de pierrailles :		
	Fouille et jet		
	Chargement dans les brouettes		
	Transport à un relais		
28	Le mètre cube de démolition de murs ou déblais dans la banche faible :		
	Fouille et jet		
	Chargement dans les brouettes		
	Transport à un relais		
29	Le mètre cube de démolition de maçonnerie de forte résistance, ou déblais dans la banche forte :		
	Fouille et jet		
	Chargement dans les brouettes		
	Transport à un |relais		
30	Le mètre cube de ces mêmes ouvrages, par chaque jet en plus sera augmenté de		
31	— » par chaque relais en plus		
32	Emmètrage au mètre cube de matériaux trouvés dans les fouilles		

§ 4. *Transports à dos de cheval,*
Chargement et déchargement compris.

NUMÉROS D'ORDRE.	INDICATIONS GÉNÉRALES.	PRIX ÉLÉMENTAIRES.	PRIX TOTAUX.
33	Le mètre cube de terre ou matériaux quelconques, chargés et transportés à dos de cheval, à une distance de 100 à 200 mètres :		
	Chargement		
	Transport, aller et retour		
34	Au-delà de 200 mètres, il sera payé, par chaque 100 mètres de distance en plus et par mètre cube		

NUMÉROS D'ORDRE.	INDICATIONS GÉNÉRALES.	PRIX ÉLÉMENTAIRES.	PRIX TOTAUX.
	§ 5. Pavages sur formes de sable.		
35	Le mètre carré de pavage en cailloux siliceux :		
	1^m 00 carré de cailloux, à		
	0^m 15 » de sable, à		
	Préparation de la forme et façon		
36	Le mètre carré de pavage en moëllons grossièrement smillés		
37	— en moëllons proprement smillés		
38	— en pavés grossièrement smillés, de		
39	— » » de		
40	— » » de		
41	— en pavés proprement smillés, de		
42	— » » de		
43	— » » de		
44	Le mètre carré de dallage en pierres grossièrement taillées, de		
45	— en pierres proprement taillées, de		
	§ 6. Pavages sur formes de mortier.		
46	Le mètre carré de pavage en cailloux siliceux :		
	1^m 00 carré de cailloux, à		
	0^m 10 » de mortier, à		
	Préparation de la forme et façon		
47	Le mètre carré de pavage en moëllons grossièrement smillés		
48	— en moëllons proprement smillés		
49	— en pavés grossièrement smillés, de		
50	— » » de		
51	— » » de		
52	— en pavés proprement smillés, de		
53	— » » de		
54	— » » de		
55	Le mètre carré de dallage en pierres grossièrement taillées, de		
56	— en pierres proprement taillées, de		
	§ 7. Empierrement de chaussées.		
57	Le mètre cube de chaussées empierrées avec calcaire :		
	1^m cube de pierre, à		
	Main-d'œuvre		
58	Le mètre cube de chaussées empierrées avec cailloux siliceux		

NUMÉROS D'ORDRE.	INDICATIONS GÉNÉRALES.	PRIX ÉLÉMENTAIRES.	PRIX TOTAUX.
	§ 8. Maçonneries.		
59	Le mètre cube de chape en béton :		
	0m 75 de pierres cassées, à ————		
	0m 50 de mortier, à ————		
	Façon ————		
60	Le mètre cube de maçonnerie de blocage avec moëllons et mortier hydraulique :		
	1m 10 cubes de moëllons, à ————		
	0m 30 de mortier, à ————		
	Façon ————		
61	Plus-value par chaque mètre carré de parements vus, pour murs d'aqueducs ou autres ouvrages ————		
62	Le mètre cube de maçonnerie de pierres de taille du n° 19, grossièrement taillées et posées sur mortier :		
	1m 05 de pierre, à ————		
	0m 05 de mortier, à ————		
	Grosse taille ————		
	Pose et rejointoiement ————		
63	Plus-value par mètre cube de même maçonnerie, lorsque les pierres seront proprement taillées ————		
64	Le mètre cube de maçonnerie de pierres de taille proprement taillées, pour bordures, dalles et autres ouvrages analogues :		
	1m 10 de pierre du n° 20, à ————		
	0m 05 de mortier, à ————		
	Taille ————		
	Ragréement et rejointoiement ————		
	§ 9. Rejointoiements et enduits.		
65	Le mètre carré de rejointoiement en mortier hydraulique :		
	Sur murs en moëllons ————		
	Sur pierres de taille ————		
66	Le mètre carré de rejointoiement avec ciment romain :		
	Sur murs en moëllons ————		
	Sur pierres de taille ————		
67	Le mètre carré d'enduit à une couche, avec mortier hydraulique, sur murs en moëllons ————		
68	Plus-value par chaque couche en plus ————		
69	Le mètre carré d'enduit à une couche, avec ciment romain, sur murs en moëllons ————		
70	Plus-value par chaque couche en plus ————		

NUMÉROS D'ORDRE.	INDICATIONS GÉNÉRALES.	PRIX ÉLÉMENTAIRES.	PRIX TOTAUX.
	§ 10. _Taille de pavés._		
71	Le mètre carré de grosse taille de pavés, en moëllons de	—	
72	— » en pavés de	—	
73	— » » de	—	
74	— » » de	—	
75	— » de dallage de	—	
76	Le mètre carré de taille soignée à la pointe fine, en moëllons de	—	
77	— » en pavés de	—	
78	— » » de	—	
79	— » » de	—	
80	— » en dallage de	—	
81	Le mètre carré de repiquage de vieux pavés ayant déjà été employés sera payé moitié des prix précédents		
	§ 11. _Aires en asphalte._		
82	Le mètre carré de dallage, en asphalte de 0^m 012 $^{m/m}$ d'épaisseur, composé en poids de deux parties de mastic bitumeux et d'une partie de gravier, compris nivellement des terrains et toutes fournitures comprises, sera payé		
83	Plus-value par chaque millimètre d'épaisseur en sus, 1/12 du prix précédent —		
84	Le mètre carré de dallage remanié, en asphalte de 0^m 012 $^{m/m}$ d'épaisseur, toutes mains-d'œuvre comprises, sera payé		
85	Plus-value par chaque millimètre d'épaisseur en sus, 1/12 du prix précédent —		

CAHIER DES CHARGES

ET

CONDITIONS GÉNÉRALES

Article premier.

L'exécution des ouvrages qui sont détaillés aux Devis et Bordereaux ci-annexés sera confié à l'Entrepreneur qui fera les conditions les plus avantageuses.

Art. 2.

On ne recevra d'offres, pour l'entreprise desdits ouvrages, que de gens reconnus capables de les bien exécuter.

Art. 3.

L'Entrepreneur sera tenu de se conformer strictement aux devis et plans adoptés, et il suivra tous les autres plans, profils, coupes et assemblage, etc., qui pourraient lui être donnés en cours d'exécution.

Art. 4.

Les matériaux fournis par l'Entrepreneur seront de la meilleure qualité, parfaitement travaillés et mis en œuvre au dire de l'Architecte, lequel pourra faire démolir, aux frais dudit Entrepreneur, tout ce qui serait mal exécuté ou qui n'aurait pas les dimensions prescrites.

L'Entrepreneur sera tenu d'employer les matériaux neufs ou vieux qui pourront lui être fournis ; dans ce cas il ne lui sera payé que des frais de main-d'œuvre, conformément aux détails du Bordereau de prix, et il ne pourra exiger de dédommagement pour manque de gain sur la fourniture.

Il fournira à ses frais tous les équipages, échaffaudages et outils nécessaires à l'exécution du projet ; il devra aussi avoir sur le chantier les quantités de matériaux et le nombre d'ouvriers qui lui seront indiqués.

Art. 5.

Si, pendant le cours des travaux, il est reconnu nécessaire de faire quelques ouvrages supplémentaires au projet, l'Entrepreneur sera tenu de les faire exécuter sur la base des prix déjà consentis ou suivant l'estimation qui en sera faite par l'Architecte. Le propriétaire se réserve également le droit de supprimer du marché tous ouvrages qu'il jugera convenable.

Art. 6.

L'Architecte aura le droit d'exiger de l'Entrepreneur le changement ou le renvoi des agents et ouvriers qui donneraient quelques sujets de plainte.

Art. 7.

Pendant tout le temps que durera l'exécution des ouvrages, l'Entrepreneur sera seul soumis aux mesures de police et réglement de voirie.

Il devra faire enlever, à ses frais, les décombres provenant des travaux et construire toutes les clôtures provisoires qui seront exigés pour renfermer le chantier.

Art. 8.

Tout travail, sans exception, est interdit les dimanches et jours fériés, sauf le cas d'extrême urgence.

Art. 9.

Les travaux devront être terminés le   18   , et par chaque quinzaine de retard il sera fait à l'Entrepreneur une retenue de cinq pour cent sur le montant total du marché consenti.

Art. 10.

La réception des ouvrages n'aura lieu que six mois après leur entier achèvement, et pendant ce temps l'Entrepreneur sera tenu, à ses frais, de les entretenir en bon état.

Art. 11.

L'Entrepreneur offrira, comme cautionnement, une garantie au moins égale au dixième du montant des ouvrages.

Art. 12.

Par les présentes, il n'est point dérogé aux articles 1787 à 1799 du Code civil.

Art. 13.

Enfin tous les travaux seront exécutés d'après les règles de l'art, et selon ce qui sera plus particulièrement fixé lors de l'exécution.

Art. 14.

Aucun ouvrage ne devra être exécuté sans que les cotes de niveau, les mesures de dimensions et les autres indications nécessaires au mètré, n'aient été relevées par le surveillant, et rapportées avec leur date sur le registre d'attachement qui sera ouvert à cet effet ; lors du réglement définitif, il ne sera tenu compte à l'Entrepreneur que des ouvrages compris audit carnet.

ART. 15.

L'Entrepreneur ne pourra prétendre à aucune indemnité, sous quelque prétexte que ce soit ; les frais de timbre et d'enregistrement demeurent à sa charge, ainsi que l'expédition des pièces et autres faux frais fixés à un pour cent sur le montant des ·mémoires réglés.

ART. 16.

Les honoraires de l'Architecte ne sont pas à la charge de l'Entrepreneur ; ils seront payés conformément au tarif ci-dessous, basé d'après l'avis du Conseil des bâtiments civils du 12 Pluviose An VIII.

ART. 17.

Les paiements des ouvrages s'effectueront comme suit :

Tarif des honoraires de l'Architecte.

Travaux de 1,000 francs et au-dessus.		Travaux au-dessous de 1,000 francs.
Plans et devis..........	0 fr. 01 c. 1/2 par franc.	Plans, devis, mètré, état de lieux, etc.
Conduite des travaux....	0 01 c. 1/2 »	Chaque vacation...... 6 fr.
Réglement de mémoires..	0 02 c. »	
ENSEMBLE.....	0 05 pour cent, sur	Quand les travaux seront exécutés à plus de 4
main-d'œuvre et valeur de tous matériaux.		kilomètres du domicile de l'Architecte, les frais de voyage seront payés en plus des honoraires.

TABLE

DES MATIÈRES.

Terrassements, — Mouvements et transports des matériaux,
Maçonneries et carrelages...................... PAGES 1re à 20

Pavages et dallages en asphalte...................... 81 à 88

Charpenterie et Menuiserie...................... 21 à 36

Serrurerie...................... 39 à 50

Couverture...................... 51 à 54

Plâtrerie...................... 69 à 74

Ferblanterie et Plomberie...................... 75 à 80

Vitrerie, Peinture et Dorure...................... 55 à 64

Tapisserie...................... 65 à 68

Cahier des charges et conditions générales...................... 89 à 92